filosofia, religião e pós-modernidade

Uma abordagem a partir de
Gianni Vattimo

ALESSANDRO RODRIGUES ROCHA

filosofia, religião e pós-modernidade

Uma abordagem a partir de
Gianni Vattimo

Direção Editorial:
Marcelo C. Araújo

Comissão Editorial:
Avelino Grassi
Edvaldo Araújo
Márcio Fabri dos Anjos

Copidesque:
Thiago Figueiredo Tacconi

Revisão:
Ana Rosa Barbosa

Diagramação:
Érico Leon Amorina

Capa:
Vinícius Abreu

© Ideias & Letras, 2014.

Rua Diana, 592
Cj. 121 - Perdizes
05019-000 - São Paulo - SP
(11) 3675-1319 (11) 3862-4831
Televendas: 0800 777 6004
www.ideiaseletras.com.br

Dados Internacionais de Catalogação na Publicação (CIP)
(Câmara Brasileira do Livro, SP, Brasil)

Rocha, Alessandro Rodrigues
Filosofia, religião e pós-modernidade: uma abordagem a partir de Gianni Vattimo / Alessandro Rodrigues Rocha. São Paulo: Ideias & Letras, 2013.

Bibliografia.
ISBN 978-85-65893-46-6

1. Filosofia 2. Religião 3. Teologia 4. Vattimo, Gianni I. Título.

13-11604 CDD-200.1

Índices para catálogo sistemático:

1. Psicanálise e cinema : Psicologia 150.195
2. Psicanálise e literatura : Psicologia 150.195

Índice

Prefácio 7

Parte 1
Pós-modernidade e ampliação do conceito de racionalidade 11

1- Discussões conceituais sobre pós-modernidade. 13
2- Percurso teórico de uma difícil categoria. Ou como se realiza o conceito pós-moderno de racionalidade 20
3- Rejeições pós-modernas à mentalidade moderna 32
4- A ascensão do princípio da relacionalidade. 50

Parte 2
Religião e experiência no horizonte pós-moderno
Uma nova forma de percepção da realidade 61

1- Raciovitalismo como realização da proposta de uma racionalidade ampliada. 64
2- Experiência e realidade: a perspectiva da Filosofia. 77
3- Experiência e religião: a perspectiva da Fenomenologia da Religião 93
4- Experiência e teologia: a perspectiva da Teologia diante da fé cristã. 106

Parte 3
Gianni Vattimo e suas contribuições para a filosofia da religião 129

1- Pós-modernidade: O Horizonte teórico-existencial de Gianni Vattimo 134
2- A morte de Deus como plurifontização dos lugares epistemológicos 142
3- A morte de Deus como inauguração da era hermenêutica 151
4- A libertação da metáfora e dos dialetos 161
5- *Pensiero debole* como afirmação de uma epistemologia para a pós-modernidade 167
6- A kenosis como elemento de afirmação de uma filosofia da religião no diálogo com a pós-modernidade 176
7- *Caritas* como expressão prática do *pensiero debole* *182*
Conclusão 186

Bibliografia 189

Prefácio

Filosofia, religião e pós-modernidade: uma abordagem a partir de Gianni Vattimo. Que livro é este? Se você está em busca de uma defesa da religião que, após séculos de iludida secularização retorna ao mundo para reencantá-lo e libertá-lo dos grilhões da ausência de Deus, veio ao endereço errado. Se você está em busca de uma defesa da razão filosófica contra o irracionalismo da religião, recuperando o mote kantiano da subordinação da religião à razão, veio ao endereço errado. Nada de triunfalismo da razão, nada de defesa de um mundo metafísico racional, nada de defesa de um iluminismo autossuficiente.

Filosofia, religião e pós-modernidade encontram-se neste livro de Alessandro como três amigos no fim da tarde para uma *happy hour*. Uma conversa repleta de boas lembranças, plena de evocações de futuros imaginados, mas não menos marcada pelas desavenças que apimentam uma boa amizade. Uma conversa que, a alguns leitores parecerá um tanto estranha, – perguntar-se-ão: "será este um livro de filosofia ou de teologia?", ou "qual é a moral dessa história: triunfo da razão ou da revelação?". Conversa, porém, que para quem transita nos caminhos do pensamento fraco, ou pós-metafísico, terá as marcas da familiaridade – mas com algumas surpresas.

Uma das boas surpresas deste livro é seu caráter transdisciplinar. Não pode ser classificado com facilidade, ou mesmo com dificuldade, nas categorias rígidas do pensamento "disciplinar-disciplinado", contido nos limites da instituição somente. É, simultaneamente, filosofia e teologia, ciências da religião e antropologia. Um híbrido, diriam alguns; talvez um típico pastiche pós-moderno diriam leitores de Jameson; um livro agradável de ler, prefiro dizer – agradável pelo seu caráter transgressor não-violento.

Violência metafísica é a violência de que falei há pouco. Lendo este livro do fim para o começo encontramos na seção final um diálogo altamente sugestivo com um filósofo-teólogo italiano que também transgride as fronteiras e regras do mundo ensimesmado da razão moderna forte. Vattimo, embora bastante lido no Brasil, é menos apreciado do que se deveria. Talvez, apenas talvez, por que um italiano intruso no mundo de alemães, franceses, ingleses e uns poucos norte-americanos também lidos pelos continentais. "Pode alguma coisa boa vir da bota?", parafraseando uma pergunta do livro dos Livros que Vattimo lê tão bem e o fragiliza a seu modo ético permitindo que os livros reunidos na obra reencontrem um lugar no mundo do pensamento fraco e da ação decidida. O filósofo da não-violência, da fragilidade, sofre facilmente a violência do pensamento forte, classificador, criador de fronteiras e alfândegas, guardas e revistas, regras rígidas e instituições pesadas. Pensamento frágil, sim, mas jamais vitimado, posto que pensamento amoroso, pensamento da *caritas*-práxis, tempero divino em um mundo insosso e homogeneizado – surpreendente revelação de um mistério jamais desconhecido.

Livro frágil que discute, porém, com a devida força do argumento os tortuosos modos de criação de epistemes, epistemologias fortes de uma razão desligada da experiência humana cotidiana. Não desligada totalmente da experiência humana, é claro. Mas epistemologias ligadas a experiências artificializadas, mais experimentos do que experiência, construtos unilaterais da vida multifacetada de bípedes desplumados. Experiência raciovital, lugar de uma racionalidade aberta, dialogal, multifacetada, viva. O encontro entre filosofia, religião e pós-modernidade na discussão epistêmica e experiencial revela-se majestoso nos capítulos que compõem a segunda seção deste livro. Experiência humana, demasiadamente humana talvez, mas nunca desconectada do divino – um divino frágil que não ameaça desumanizar o super-humano transeunte da vida com sua onipotente onipresença vigilante e punitiva – surpresa à vista. Encontro hospitaleiro, portas abertas da amizade, do coração aquecido, da mesa farta, à mesa da cozinha sob o aroma de um café caipira forte em sua naturalidade não artificializada para o consumo enfraquecedor dos laços da experiência simplesmente humana.

Epistemologia frágil que, como que às avessas, atravessa os capítulos da primeira parte que apresenta as diversas faces do debate moderno/pós-moderno. Debate envelhecido, já intensamente mapeado, ultrapassado até poder-se-ia dizer. E eis a primeira surpresa deste livro deliciosamente legível – um frescor de fim de tarde outonal que reaviva um tema tantas vezes revisitado. Pensamento frágil insinuado muito antes de sua entrada na obra. Fragilidade que desmascara a potência de uma razão ensimesmada, solipsista, fortemente argumentada, quase convincente. Razão questionada, mas não abandonada, razão que não se assusta perante os encantos da vida, mas capaz de desvendar os fracassos de encantamentos desencantados e reencantamentos mal encantados. Razão amiga da fantasia, do amor, das conversas de fim de tarde, da *caritas* envolvente e envolvida pela face que nos interpela, nos convoca, nos provoca. Racionalidade frágil, relacionalidade intensa, intensamente frágil em sua racional-amizade "caritativa". Racionalidade relacional plenamente humana e, por isso, docemente animal, vegetal, mesmo mineralizada. Racionalidade relacional-natural não naturalista. Entre naturalismo e religião não há porque fazer escolhas unilaterais modernas ou pós-modernas. Há que se escolher a relação "natureza-humanidade-religião". Amigas que vivenciam a amizade em sua plenitude de encontros e desencontros, plenitude da experiência frágil em seu poder de desvendar os mistérios inescrutáveis do ser humano, simplesmente humano.

Júlio Paulo Tavares Zabatiero

Parte 1

Pós-modernidade e ampliação do conceito de racionalidade

Introdução

A modernidade viu surgir a ascensão da ciência e da técnica sobre todos os meios de acesso à realidade que até então orientavam o saber científico, filosófico e teológico. O domínio da razão – em sua expressão racionalista – sobre as demais expressões humanas gerou uma abordagem instrumental sobre o mundo dos fenômenos que passou a ser conhecida como razão instrumental.

A afirmação da superioridade da razão frente às demais capacidades cognitivas humanas é o fruto mais amadurecido do cartesianismo. O *cogito ergo sum*, de Descartes, estabeleceu um novo padrão para a relação do homem com seu meio: relação sujeito/objeto. A partir desse princípio o ser humano foi estabelecido como sujeito num mundo completamente objetável. Esse processo opera uma categorização fixista da realidade. Por um lado a razão (uma dimensão do homem) como *res cogitans*, dimensão pensante, portanto, superior. Por outro lado a matéria (inclusive a corporeidade do próprio homem) como res extensa, dimensão a ser pensada, coisa a ser dominada por procedimentos racionalizantes.

É diante desse quadro, de uma racionalidade fechada e desintegradora, que a pós-modernidade – sobretudo em sua expressão filosófica e sociológica – coloca-se reclamando uma ampliação do conceito de racionalidade que seja mais aberto à indeterminação dos processos de conhecimento, e por isso mesmo mais fraca. Ao mesmo tempo em que busca perspectivas epistemológicas mais integradoras das demais expressões humanas capazes de conhecimento, destacando-se principalmente a dimensão da experiência.

Ao longo de toda a primeira parte de nossa reflexão buscaremos exatamente fazer o percurso da perspectiva moderna acerca da centralidade da razão, até as proposições pós-modernas que visam uma racionalidade aberta que se construa sobre as bases da relacionalidade. Para tanto trataremos em primeiro lugar da dificuldade conceitual que o termo "pós-modernidade" encontra nas discussões teóricas. Essa abordagem tem como propósito estabelecer as primeiras problematizações epistemológicas que a pós-modernidade coloca à modernidade.

Em seguida estabeleceremos um diálogo crítico com o pensamento cartesiano – compreendendo-o como matriz da reificação da razão na modernidade. Segue a esse diálogo crítico uma série de rejeições que o pensamento pós-moderno oferece à epistemologia moderna: rejeição da visão dualista do mundo, rejeição do fundacionalismo e rejeição da totalização e do papel das metanarrativas. De forma positiva encerraremos este capítulo propondo a ascensão do princípio da relacionalidade (integração relacional do humano – objetividade/subjetividade – e, deste com o outro – o outro que é o próximo, o cosmo e, totalmente o Outro) como base para uma racionalidade aberta e integradora adequada às perspectivas pós-modernas.

1- Discussões conceituais sobre pós-modernidade

Nas inúmeras discussões sobre o tema da pós-modernidade há uma única convergência: a diversidade conceitual. Isso faz da abordagem a essa temática um exercício que toma como ponto de partida a pluralidade conceitual. Um ponto de partida que é assumido por nós como positivo, isto é, como um valor antes que um problema.

Partindo da afirmação do princípio da pluralidade encontramos a primeira exigência do exercício de discutir o pós-moderno numa perspectiva conceitual: a explicitação do lugar assumido, que ao mesmo tempo demarca e evidencia nossas escolhas e metodologias. Num ambiente onde a diversidade é a atmosfera comum, o posicionamento da investigação não deve ser apenas a relativização do discurso, mas, também, a assunção da perspectiva como forma de assumir consequentemente um discurso que tem lugar próprio e, portanto, um ponto de vista com suas representatividades e limitações.

Em primeiro lugar é preciso colocar a tensão existente na própria utilização do conceito "pós-moderno".[1] A principal discussão nesse sentido se dá em torno do problema da modernidade. Teria a modernidade se exaurido? Valores como a centralidade e unidade do sujeito, a ideia do progresso, a suficiência da técnica etc., teriam sido superados? O problema da pós-modernidade estaria então no prefixo "pós" como

---

1 Ináki Urdanibia faz uma boa síntese do termo "pós-moderno", desde sua primeira utilização na área da arquitetura e das artes, até sua inclusão no campo das ciências humanas e sociais. Destaca-se no texto de Urbanibia o roteiro que o termo percorreu no interior do pensamento filosófico. URBANIBIA, Ináki. *O narrativo na pós--modernidade*. In VATTIMO, Gianni y otros. *Entorno a la posmodernidad*. Barcelona: Anthropos Editorial, 2003, pp. 41-75.

sugestão de ultrapassamento *(Überwindung)*[2] da modernidade. É exatamente sobre este impasse (superação ou não da modernidade) que a polêmica acerca da pós-modernidade se estabelece. Como propõe Mary Rute Gomes Esperandio: "A polêmica que se tem estabelecido gira em torno da questão sobre o fim da modernidade e se a expressão 'pós-modernidade' pode ser adequada para caracterizar o que se percebe como uma nova fase na história, na cultura, na expressão estética".[3]

Nessa polêmica figuram os mais importantes pensadores contemporâneos, sobretudo filósofos e sociólogos.[4] A principal questão colocada,

---

2 *Überwindung* – Superação; ultrapassamento; igual a *deixar para trás*. O termo superação (*Überwindung*) pode ser melhor aplicado se o utilizarmos em sua acepção original que Gianni Vattimo propõe, ou seja, *rimettersi* (nos vários sentidos da palavra em italiano: restabelecer-se, sarar de uma doença; remeter-se a alguém; remeter-se alguma coisa, como transmitir uma mensagem), o que nos daria a ideia de uma convalescença, portanto, algo de que o ser tem de recuperar-se. Nesse sentido, a superação de que a pós-modernidade se serve, não seria uma superação como alcance de um outro nível de verdade mais pura, senão como sendo uma *Verwindung*, isto é, uma distorção, transmissão, ou ainda, uma despedida da modernidade. VATTIMO, Gianni. *O fim da modernidade. Niilismo e hermenêutica na cultura pós-moderna.* São Paulo: Martins Fontes, 2002, p. 40.

3 ESPERANDIO, Mary Rute Gomes. *Para entender. Pós-modernidade.* São Leopoldo: Sinodal, 2007, p. 27.

4 Pensadores como Jean François Lyotard, Jean Baudrillard, Gianni Vattimo, David Lyon, Michel Maffesoli entre outros, assumem o termo pós-moderno, porém com ênfases distintas no que diz respeito àquilo que caracterizaria tal condição cultural. Outros como Gilles Lipovetsky e Zygmunt Bauman, utilizaram o termo pós-moderno no início de suas reflexões acerca da cultura contemporânea, mas, logo depois o abandonaram por outras categorias (hipermodernidade e modernidade líquida consequentemente).

porém, não se deve deixar desvanecer em meio a discussões mais ou menos conceituais. Há uma questão mais importante do que a disputa pela melhor categorização do fenômeno cultural, político, econômico e religioso que estamos vivendo desde meados do século XX, a saber: a profunda mudança que as concepções de razão desenvolvida ao longo da modernidade vem sofrendo.[5]

Por isso não pretendemos concentrar-nos tanto na pós-modernidade como conceito, como uma verdade a ser explicada em termos ontológicos,[6] numa tentativa de expor a "essência do pós-moderno". O que nos propomos a fazer, no entanto, é evidenciar o processo de recomposição de certas categorias centrais da modernidade (o conceito de razão e seus temas corolários) que conduz à emergência do que se tem chamado de pós-modernidade.

Para realizar tal tarefa fazemos claro e conscientemente um recorte no que diz respeito ao aporte teórico e ao elemento temático sobre os quais queremos nos debruçar. Esse recorte faz parte da explicitação do lugar que nos colocamos para desenvolver nossa tese. Quanto ao aporte teórico para a análise da pós-modernidade nos valeremos da filosofia e, em alguns momentos, também da sociologia. Já no que tange à questão temática, focalizaremos o conceito de razão moderna e a compreensão de sujeito dela derivada.

---

5 Stuart Hall evidencia essa temática central (revisão do conceito de razão desenvolvido na modernidade) a partir das obras de Anthony Giddens, Ernest Laclau e David Harvey. Hall chama atenção que a temática está presente nos três autores, porém, numa diversidade de abordagens feitas. Em comum está como pano de fundo, a percepção de descontinuidade e fragmentação que a razão moderna (e todas as categorias dela derivadas) passa. HALL, Stuart. *A identidade cultural na pós-modernidade*. Rio de Janeiro: DP&A editora, 2002, pp. 7-22.

6 ESPERANDIO, Mary Rute Gomes. p. 9.

Como já mencionamos a pós-modernidade inevitavelmente afirma-se em face à modernidade. Não como uma continuação progressiva de categorias e projetos, mas, antes, numa dinâmica de profunda descontinuidade. Essa tensa relação dialética exige certo esclarecimento sobre a modernidade, sobretudo, estabelecendo a devida diferenciação entre modernismo e modernidade.

- Modernismo diz respeito ao movimento estético que se constituiu no solo da modernidade.[7] Também chamado de movimento moderno, designa certa dinâmica cultural, em suas variadas expressões e estilos (artes plásticas, artes visuais, teatro, música, poesia, cinema, literatura), especialmente desenvolvidos na primeira metade do século XX. Esse movimento surgiu com força reivindicatória frente à modernidade, propondo uma abertura ao novo em relação às formas, lógicas e tradições rigidamente estabelecidas.

- Modernidade é uma visão de mundo, um ideário ligado ao projeto de um mundo moderno. A modernidade tem seu berço na Idade Moderna,[8] porém, não se confunde plenamente

---

[7] No Brasil, um marco histórico do modernismo é a semana de arte moderna que ocorreu em São Paulo no ano de 1922. No campo das artes nomes como Tarsila do Amaral e Osvald de Andrade desenvolveram uma percepção estética que marcou profundamente a percepção acerca da própria realidade. Uma boa reflexão sobre essa questão é feita na seguinte obra: CASTIÑEIRA, Angel. *A experiência de Deus na pós-modernidade*. Petrópolis: Vozes, 1997, pp.110-115.

[8] Há, porém, autores da teologia que teorizam que a modernidade, sobretudo em seu principal traço constitutivo (razão), deveria ser localizada na emergência da filosofia grega (como é o caso de Carlos Palácio), ou antecipadamente à Idade Moderna,

com ela.⁹ O ideário da modernidade traz implicações importantes no campo das ciências e da vida social e está posto sobre uma epistemologia que lhe dá fundamentação.¹⁰

---

como "modernidade prematura", como é o caso de Ghislain Lafont. Nesses casos a modernidade como classificada, tendo seu marco na Idade Moderna, deveria chamar-se: "Modernidade Moderna". Para aprofundar essa temática ver LIMA VAZ, Henrique C. de. *Escritos de filosofia. Problemas de fronteira.* São Paulo: Loyola, 1986, pp. 71-88. PALÁCIO, Carlos. *Deslocamentos da teologia, mutações do cristianismo.* São Paulo: Loyola, 2001, pp. 60-66. PALÁCIO, Carlos. *Novos paradigmas ou fim de uma era teológica?* Em: ANJOS, Marcio Fabri. *Teologia aberta ao futuro.* São Paulo: Loyola, 1997, pp. 77-97. LAFONT, Ghislain. *História teológica da Igreja Católica. Itinerário e formas da teologia.* São Paulo: Paulinas, 2000, pp. 113-124.

9 É preciso ainda diferenciar Idade Moderna de modernidade. Idade Moderna é uma periodização histórica, ligada à história do Ocidente, que se segue a chamada Idade Média. Tradicionalmente se tem estabelecido como Idade Moderna o período que tem início no século XV (1453 – tomada de Constantinopla) e que se encerra no século XVII (1789 – Revolução Francesa). O período histórico posterior ao século XVIII é chamado de Idade Contemporânea.

10 Do ponto de vista da filosofia política os dois volumes da obra *Os clássicos da política* da Editora Ática, organizados por Francisco C. Welffort, dão uma boa introdução aos principais autores e seus sistemas. Do ponto de vista das ciências da natureza a obra *A ciência como atividade humana* das Editoras JZE & EDUSP de G. F. Kneller e, de Filippo Selvaggi a obra *Filosofia do mundo. Cosmologia filosófica* da Editora Loyola, destacam um importante espaço para as perspectivas da modernidade. Para a construção da epistemologia da modernidade, além das obras clássicas de R. Descartes (*O Discurso do método* e *Meditações*) e Immanuel Kant (*Crítica da razão pura, Crítica da razão prática, Crítica do juízo* e *Fundamentação da metafísica dos costumes*), autores como E. Morin e F. Capra dedicam parte de suas obras à compreensão e crítica da epistemologia

É, portanto, com relação à modernidade (ideário de um *mundo moderno*) e, sobretudo, à sua subjacente epistemologia, que a pós-modernidade se coloca. A epistemologia da modernidade é, sem dúvida, o ponto de maior divergência com relação aos pensadores pós-modernos.[11] Ou seja, é contra certa concepção de razão, da imagem de sujeito que dela deriva e da ideia de progresso e de história que se contrapõe uma outra perspectiva acerca da realidade.

Antes, porém, de aprofundar essa mudança epistemológica, é necessário ainda apontar para mais um passo do processo de indicação do lugar que assumimos como nosso, a partir do qual olhamos toda essa problemática. Esse próximo elemento que compõe nosso lugar de observação está relacionado à própria dinâmica do conhecimento. Michel Maffesoli chama a atenção para o ponto de que pensar a noção de pós-modernidade exige que se repense o ato de conhecer na perspectiva

---

da modernidade. Deste último vale a pena destacar a obra de divulgação *Ponto de mutação* publicada pela editora Cultrix, onde o autor faz uma abrangente leitura da influência da modernidade sobre um conjunto de saberes ligados às principais ciências.

11 Para Jean François Lyotard a pós-modernidade surge como superação das narrativas universais e totalizantes que as ciências geraram ao longo da modernidade (*A condição pós-moderna*). Para Gianni Vattimo a pós-modernidade surgiu exatamente quando se perdeu a crença na linearidade na história do progresso (*O fim da Modernidade e Sociedade transparente*). Já Zigmunt Baumann, que utiliza a expressão *modernidade líquida* elege questões como: emancipação, individualidade, tempo/espaço, trabalho e comunidade para evidenciar as descontinuidades entre moderno e pós-moderno (*Modernidade líquida* e *O mal-estar da pós-modernidade*). Michel Maffesoli destaca e questão da ideologia. Ele trabalha a partir da questão do presentismo, retorno ao local, e a questão da imagem como fundamentais na constituição do sujeito (*Notas sobre a pós-modernidade. O lugar faz o elo. O tempo das tribos. O ritmo da vida*).

do envolvimento daquele que conhece. Nesse sentido ele verifica que a palavra conhecer, em sua origem latina é *cognoscere*, e está relacionada à ideia de *cum nascere* – nascer com.[12]

Conhecer como "com-nascer", implica que o ato de conhecimento está relacionado à relação contínua, portanto, sempre aberta, que passa a compor desde dentro toda a dinâmica do conhecimento, a qual deixa de ser somente uma atividade da razão instrumental para ser um "co-nascimento" onde o pesquisador também está envolvido. Isso coloca duas questões na cena dos saberes e das ciências: as categorias deixam de ser "eternas", por isso mesmo carentes de revisão[13] e, o princípio da complexidade passa a ser exigido pelo processo de conhecimento, já que o conhecer como "conascimento" depende sempre do seio onde o processo é gestado. O local passa a ter importância decisiva.

Uma vez tendo sobrevoado rapidamente o problema conceitual complexo e movediço da pós-modernidade, queremos evidenciar de forma mais aprofundada a perspectiva acerca da pós-modernidade a partir de um autor que assumimos como principal teórico no desenvolvimento da dimensão filosófica de nossa tese.

2 - Percurso teórico de uma difícil categoria Ou como se realiza o conceito pós-moderno de racionalidade

Neste tópico queremos nos focar na transição que a concepção de racionalidade sofreu na virada da modernidade para a pós-modernidade.

---

12 MAFFESOLI, Michel. *Notas sobre a pós-modernidade. O lugar faz o elo.* Rio de Janeiro: Atlântica, 2004.

13 ESPERANDIO, Mary Rute Gomes. Op. cit., p. 11.

Para tanto nos deteremos em primeiro lugar na compreensão da racionalidade no escopo da modernidade a partir do pensamento de René Descartes[14] e, logo a seguir verificaremos a reação pós-moderna a essa concepção. Reação que consideramos como sendo uma ampliação no conceito de racionalidade (razão instrumental) valorizado na modernidade.

A modernidade distingue-se, sobretudo, por uma nova relação entre o homem e a realidade que o circunda. Surge uma nova epistemologia redefinindo radicalmente a dinâmica do conhecimento: estabelece-se um novo paradigma nas relações cognitivas. Diferentemente da metafísica clássica, na modernidade é desenvolvido um novo sistema metafísico que fundamentará a filosofia, as ciências e também a teologia. Como propõe Marilena Chauí,[15] podemos, de modo resumido, apontar os seguintes traços característicos dessa nova metafísica:

- afirmação da incompatibilidade entre fé e razão, acarretando a separação de ambas, de sorte que a religião e a filosofia possam seguir caminhos próprios;

- redefinição do conceito de ser ou substância. Em lugar de considerar que existem inumeráveis tipos de seres ou substâncias, afirma-se que existem três e apenas três seres ou substâncias: a substância infinita (Deus), a substância pensante (alma) e a substância extensa (corpo);

---

14 René Descartes, nasceu em 1596 em La Haye, morreu em 9 de fevereiro de 1650. Entre suas obras destacaremos duas que dizem respeito à temática que nos propomos a tratar: *Discurso do Método* (1637) e, *Meditações* (1641). Utilizaremos o texto em português traduzido pela Editora Bertrand Brasil, posteriormente publicado pela Editora Nova Cultural na coleção Os Pensadores.

15 CHAUÍ, Marilena. *Convite à filosofia*. São Paulo: Ática, 2000, pp. 227-230.

- redefinição do conceito de causa ou causalidade. Causa é aquilo que produz um efeito. O efeito pode ser produzido por uma ação anterior ou por uma finalidade posterior. Causa eficiente é aquela na qual uma ação anterior determina como consequência necessária a produção de um efeito. Causa final é aquela que determina, para os seres pensantes, a realização ou não-realização de uma ação;

- a metafísica de campos do conhecimento que lidam com realidades semelhantes a ela: a teologia é um conhecimento diferente da metafísica, embora, como esta, estude a substância infinita; a psicologia racional é um conhecimento diferente da metafísica, embora, como esta, estude a substância pensante; a cosmologia é diferente da metafísica, embora, como esta, estude a substância extensa.

A substância infinita é a ideia racional de um fundamento ou princípio absoluto que produz a essência e a existência de tudo o que existe. A substância pensante é a ideia racional de uma faculdade intelectual e volitiva que produz pensamentos e ações segundo normas, regras e métodos estabelecidos por ela mesma enquanto poder de conhecimento – é a consciência como faculdade de reflexão e de representação da realidade por meio de ideias verdadeiras. A substância extensa é a ideia racional de uma realidade físico-geométrica que produz os corpos como figuras e formas dotadas de massa, volume e movimento – é a Natureza como sistema de leis necessárias definidas pela mecânica e pela matemática.[16]

---

16   CHAUÍ, Marilena. Op. cit., p. 229.

- o ponto de partida da metafísica é a teoria do conhecimento, isto é, a investigação sobre a capacidade humana para conhecer a verdade, de modo que uma coisa ou um ente só é considerado real se a razão humana puder conhecê-lo, isto é, se puder ser objeto de uma ideia verdadeira estabelecida rigorosa e metodicamente pelo intelecto humano. Assim, a metafísica não começa com a pergunta: "O que é realidade?", mas com a questão: "Podemos conhecer a realidade?".[17]

Deus, homem e Natureza são os objetos da metafísica. Infinito, finito, causa eficiente e causa final são os primeiros princípios de que se ocupa a metafísica. Ideias verdadeiras produzidas pelo intelecto humano, com as quais o sujeito do conhecimento representa e conhece a realidade, são os fundamentos da metafísica como ciência verdadeira ou como Primeira Filosofia.[18]

Basicamente essa nova fundamentação da metafísica foi feita por René Descartes.[19] Nela, como já mencionamos,[20] está o princípio do racionalismo moderno. Isso podemos facilmente observar no segundo livro do *Discurso do Método*, quando ele discute os preceitos necessários para a verificação da verdade das coisas. Ele afirma: "achei que me seriam

---

17   *Ibid.*

18   JOLIVET, Regis. *Tratado de Filosofia III. Metafísica.* Rio de Janeiro: Agir, 1965, pp. 210-225.

19   Uma boa introdução ao pensamento de Descartes – de modo especial à questão de sua epistemologia e metafísica – foi feita por José Américo Motta Pessanha na introdução ao volume sobre Descartes (pp. 5-30) da coleção *Os Pensadores,* da Editora Nova Cultural.

20   Ver nota 46.

suficientes quatro preceitos, uma vez que eu tomasse a firme e inalterável resolução de não deixar uma só vez de observá-los".[21] Esses quatro preceitos servem, portanto, de regras para o desenvolvimento dos procedimentos científico-racionais. Eles constituem propriamente um método.

Descartes quis estabelecer um método universal, inspirado no rigor matemático e em suas "longas cadeias de razão". Para isso ele percorreu as seguintes regras:

> *A primeira regra é a **evidência**: nunca aceitar algo como verdadeiro que eu não reconhecesse claramente como tal.[22] Em outras palavras, evitar toda "precipitação e toda prevenção"[23] (preconceitos) e só ter por verdadeiro o que for claro e distinto, isto é, o que "eu não tivesse motivo algum de duvidar".[24]*
> *A segunda, é a regra da **análise**: "repartir cada uma das dificuldades analisadas em tantas parcelas quantas forem possíveis[25]".*
> *A terceira, é a regra da **síntese**: "conduzir por ordem meus pensamentos, iniciando pelos objetos mais simples e mais fáceis de conhecer para, aos poucos, ascender, como que por meio de degraus, aos mais complexos".[26]*
> *A última é a da **comprovação**: "efetuar em toda parte relações metódicas tão completas e revisões gerais nas quais tivesse a certeza de nada omitir".[27]*

---

21 DESCARTES, René. *Discurso do método*. São Paulo: Nova cultural, 2000, p. 49.
22 *Ibid.*
23 *Ibid.*
24 *Ibid.*
25 *Ibid.*
26 *Ibid.*
27 *Ibid.*, pp. 49-50.

No *Discurso sobre o método*, Descartes pensou, sobretudo, na ciência. Contudo, seu pensamento exerceu enorme influência sobre toda a compreensão acerca da realidade discursiva resultante das pesquisas, inclusive a exercida pela teologia. Para bem compreender seu pensamento, sobretudo sua epistemologia metafísica, é necessário ler junto com o *Discurso do método,* também as *Meditações.*[28]

Descartes inicia seu itinerário espiritual com a dúvida. Ele duvida voluntária e sistematicamente de tudo, no intuito de encontrar algo inequívoco a que se pudesse apegar no processo de conhecimento da verdade. Ele afirma:

> *Por desejar então dedicar-me apenas à pesquisa da verdade, achei que deveria agir exatamente ao contrário (contrário em relação aos costumes e tradições), e rejeitar como totalmente falso tudo aquilo em que pudesse supor a menor duvida, com o intuito de ver se, depois disso, não restaria algo em meu crédito que fosse completamente incontestável.*[29]

Duvidar de todos os elementos que compõem a vida ordinária, sobretudo dos sentidos, uma vez que, para Descartes, eles frequentemente nos enganam, era uma condição primária para alcançar a capacidade de conhecer a verdade. Ele reflete bem esse estado de "inimizade" com o ordinário quando afirma: "nunca tenho certeza de estar sonhando ou de estar desperto!".[30]

Dando o salto da dúvida à possibilidade do conhecimento, Descartes chega à conclusão de que existe uma coisa da qual não pode

---

28 DESCARTES, René. *Meditações.* São Paulo: Nova cultural, 2000.
29 DESCARTES, René. *Discurso do método,* p. 61.
30 DESCARTES, René. *Meditações.* p. 269.

duvidar. Ele diz: "Mesmo que tudo o que penso seja falso, resta a certeza de que eu penso".[31]

Porém, logo em seguida, percebi que, ao mesmo tempo em que eu queria pensar que tudo era falso, fazia-se necessário que eu, que pensava, fosse alguma coisa. E, ao notar essa verdade: *eu penso, logo existo,* era tão sólida e tão correta que as mais extravagantes suposições dos céticos não seriam capazes de lhe causar abalo, julguei que podia considerá-la, sem escrúpulo algum, o primeiro princípio da filosofia que eu procurava.[32]

Desta forma Descartes trata o *eu penso* não como um objeto do processo de conhecimento, mas como constitutivo do próprio ser. Eu penso, logo sou. Ou em perspectiva inversa: Eu sou à medida que penso. Pensar é mais do que simplesmente conhecer algo, é ser alguém! O *cogito ergo sum* de cartesiano, portanto, não é simplesmente o ato de nascimento do que, em filosofia, chamamos de idealismo,[33] mas a descoberta do domínio ontológico. Os objetos que são as evidências matemáticas remetem a este ser que é meu pensamento.

Compreendi, então, que eu era uma substância cuja essência ou natureza consiste apenas em pensar, e que, para ser, não necessita de lugar algum, nem depende de qualquer coisa material. De maneira que esse eu, ou seja, a alma, por causa da qual sou o que sou, é completamente distinta do corpo e, também, que é mais fácil de conhecer do que ele, e, mesmo que esta nada fosse, ela não deixaria de ser tudo o que é.[34]

Nesse nível, entretanto, Descartes é solipsista. Ele só tem certeza de seu ser, isto é, de seu ser pensante, pois "sempre duvido desse objeto que

---

31 DESCARTES, René. *Discurso do método.* p 62.
32 *Ibid.*
33 O sujeito pensante e suas ideias como o fundamento de todo conhecimento.
34 DESCARTES, René. *Discurso do método,* p. 62.

é meu corpo"; quanto a alma, diz Descartes, "é mais fácil de ser conhecida que o corpo".[35] Ele é também dualista como podemos observar em sua próprias palavras:

E, apesar de, embora talvez (ou, antes, com certeza, como direi logo mais) eu possuir um corpo ao qual estou estreitamente ligado, pois, de um lado, tenho uma ideia clara e distinta de mim mesmo, na medida em que sou apenas uma coisa pensante e sem extensão, e que, tenho uma ideia distinta do corpo, na medida em que é somente algo com extenção e que não pensa, é certo que este eu, ou seja, minha alma, pela qual sou o que sou, é completa e indiscutivelmente distinta de meu corpo e que ela pode existir sem ele.[36]

A distinção que Descartes faz entre **possuir** um corpo e **ser** uma alma (razão - *res cogitans*) constitui a base para a afirmação de uma racionalidade estreita, que se consuma em certa dimensão da existência (alma/razão - *res cogitans*) que pode prescindir sem nunhuma hesitação de outras dimensões (corpóreo-afetivas – *res extensa*). Essa visão dualista reifica a razão em detrimento da corporeidade e de seus sentidos. "Muitas experiências anularam, paulatinamente, todo crédito que eu dera aos sentidos, (...) encontrei equívocos baseados nos juízos exteriores. E não apenas nos exteriores, mas também nos interiores".[37] Nesse sentido Descartes pôde reduzir o corpo à figura de uma maquina.

E como um relógio constituido de rodas e contrapesos não observa menos exatamente todas as leis da natureza quando é mal feito, e quando não mostra bem as horas, do que quando satisfaz inteiramente o desejo do artífice; da mesma forma também, se considero o corpo do homem

---

35 DESCARTES, René. *Meditações,* p. 273.
36 DESCARTES, René. *Meditações,* p. 320.
37 *Ibid.*, p. 318.

uma máquina de tal maneira construída e constituída de ossos, nervos, músculos, veias, sangue e pele que, mesmo que não existisse nele espírito algum, não deixaria de se mover de todas as maneiras que faz agora, quando não se move pela direção de sua vontade, nem, por conseguinte, pela ajuda do espírito, mas apenas pela disposição dos órgãos.[38]

A visão de superioridade da alma pensante (*res cogitans*) frente ao corpo destituído da sacra dignidade conferida pela razão (*res extensa*) fica patente a partir da imagem do relógio como máquina que ele usa para falar do corpo humano. Essa superioridade pode ser ainda melhor vista a partir da seguinte afirmação de Descartes:

> *Mas acontece exatamente o contrário com as coisas corpóreas ou extensas, já que não exista uma sequer que eu não faça facilmente em pedaços com o meu pensamento, que meu espírito não divida com facilidade em muitas partes e, por conseguinte, que eu não reconheça ser divisível. E isso seria suficiente para ensinar-me que o espírito ou a alma do homem é completamente diferente do corpo, se já não tivesse aprendido em outros lugares.[39]*

Refletindo sobre o pensamento de Descartes e sua influência na teologia, mais propriamente na teologia da criação, ou seja, nas relações entre o criador e suas criaturas e, entre elas umas com as outras, Jürgen Moltmann chama atenção para os fundamentos do domínio do homem sobre a natureza, apontando como motivo fundamental a exclusividade do papel de sujeito que este homem assume a partir de sua capacidade racional. "Descartes entende a alma não mais como uma substância superior, mas como o verdadeiro *sujeito* no corpo humano,

---

38 *Ibid.*, p. 328.
39 *Ibid.*, p. 329.

como no mundo das coisas".[40] Dizer que há um sujeito no corpo humano é conferir a esse corpo a condição reduzida de objeto. O corpo, como as demais coisas não pensantes, entra na esfera do objetivável.

Exatamente neste sentido Moltmann encontra o principal problema do *cogito* cartesiano: Se o sujeito humano se conscientiza de si próprio através do pensar e não através da percepção física, então o corpo humano, com suas percepções físicas, entra no campo das coisas objetivas, cuja característica fundamental em relação ao sujeito pensante não é nada mais do que a extensão do corpo.[41] No sistema cartesiano o corpo é máquina porque é matéria extensa, não pensante.[42] Esta relação entre pensante e não pensante estabelece uma relação de domínio da razão sobre o corpo humano e os demais corpos. Na perspectiva da incidência prática desse domínio no campo da teologia Moltmann afirma categoricamente:

> *A relação do sujeito-espírito não extensível, pensante com seu objeto-corpo não pensante, extensível é descrita por Descartes como sendo uma relação unilateral de domínio e de propriedade: Eu sou um sujeito pensante e eu tenho o meu corpo. O Eu se encontra como mandatário e usuário em relação a seu corpo, como sendo este a sua propriedade.*[43]

Essa coisificação do corpo[44] fundada sobre o conceito do Eu pensante contruiu uma racionalidade estreita e reducionista que conduziu

---

40 MOLTMANN, Jürgen. *Deus na criação. Doutrina ecológica da criação.* São Paulo: Vozes, 1992, p. 358.

41 *Ibid.*

42 *Ibid.*

43 *Ibid.*, p. 359.

44 *Ibid.*, p. 360.

em boa medida as ciências ao longo da modernidade. Esse domínio da razão – que gera a categorização sujeito-objeto para dirigir o processo de conhecimento – sobre as demais expressões humanas produziu uma abordagem instrumental e mecânica sobre o mundo dos fenômenos, que hoje é conhecida como razão instrumental.

Na perspectiva desse modelo de racionalidade – que pode ser identificada como racionalização[45] – todas as coisas são objetiváveis, tudo pode ser dissecado como um cadáver sob a frieza do bisturi empunhado pelas mãos discursivas dos proponentes da verdade, que desencantando o mundo, podem manipulá-lo a fim de produzir o desenvolvimento tão alardeado, bem como para dar manutenção ao ideal do progresso. O resultado prático dessa matriz da racionalidade – racionalização – é ambíguo: se por um lado não se pode negar os avanços da ciência e da técnica e, com ele, a melhoria de vida de enormes porções da população mundial;[46] por outro, os profundos

---

45 Edgar Morin faz uma interessante distinção entre racionalidade e racionalização. Para ele:

> *A racionalização se crê racional porque constitui um sistema lógico perfeito, fundamentado na dedução ou na indução, mas fundamenta-se em bases mutiladas ou falsas e nega-se à contestação de argumentos e à verificação empírica. A racioanalização é fechada, a racionalidade é aberta. A racionalização nutre-se das mesmas fontes da racionalidade, mas constitui uma das fontes mais poderosas de erros e de ilusões. Dessa maneira, uma doutrina que obedece um modelo mecanicista e determinista para considerar o mundo não é racional, racionalizadora.* MORIN, Edgar. Os sete saberes necessários à educação do futuro. 11ª edição. São Paulo: Cortes. Brasília: UNESCO, 2006, p. 23.

46 Embora não podemos esquecer que a mesma ideologia de desenvolvimento com sua técnica, produziu também um enorme contingente de pobreza e exclusão.

traços de devastação da natureza, de especialização fragmentadora do conhecimento e da existência humana[47] e, a coisificação das relações inter-humanas e intercriaturais.

O que a pós-modernidade traz a lume é que a modernidade, que se sustenta sobre as bases da razão autônoma – racionalização – e da ideia do progresso, está agonizando.[48] Sua epistemologia construída sobre o hierarquizado princípio do sujeito-objeto encontra-se num esgotamento que vai, paulatinamente, abrindo espaço para outras epistemologias, mais complexas e intersubjetivas.[49] Acusando os limites dessa racionalização Edgard Morin, que pensa a racionalidade como devendo ser "aberta por natureza" afirma:

A verdadeira racionalidade, aberta por natureza, dialoga com o real que lhe resiste. Opera o ir e o vir incessante entre a instância lógica e a instância empírica; é o fruto do debate argumentado das ideias, e não a propriedade de um sistema de ideias. O racionalismo que ignora os seres, a subjetividade. A afetividade e a vida é irracional. A racionalidade deve reconhecer a parte de afeto, de amor e de arrependimento.

---

47   Edgar Morin é, sem dúvida, um dos principais autores que denunciam esse traço perverso da racionalização: a fragmentação, ou disciplinarismo. Algumas de suas obras que trabalham essa temática são: *Saberes globais e saberes locais: o olhar transdisciplinar.* Rio de Janeiro: Garamond, 2000. *O paradigma perdido. A natureza humana.* São Paulo: Publicações Europa-América, 1980. *Introdução ao pensamento complexo.* Porto Alegre: Sulina, 2006. *Os sete saberes necessários à educação do futuro.* 11ª edição. São Paulo: Cortes. Brasília: UNESCO, 2006.

48   LYON, David. *Pós-modernidade.* São Paulo: Paulus, 1998, pp.13-34.

49   A crise dessa epistemologia construída a partir da objetivação possibilitada pela abordagem metodológica sujeito-objeto tem sido amplamente denunciada pelas ciências e, pela filosofia da ciência de forma mais específica.

A verdadeira racionalidade conhece os limites da lógica, do determinismo e do mecanicismo; sabe que a mente humana não poderia ser onisciente, que a realidade comporta mistério. Negocia com a irracionalidade, o obscuro, o irracionalizável. É não só crítica, mas autocrítica. Reconhece-se a verdadeira racionalidade pela capacidade de identificar suas insuficiências.[50]

O posicionamento pós-moderno diante da racionalização moderna é uma sabedoria. Ou seja, é uma capacidade de autocrítica – já que a jovialidade da pós-modernidade faz com que seus autores sejam ainda bastante modernos – que assume a necessária tarefa de "desdogmatizar" uma epistemologia (que é a nossa mesmo), bem como todos os discursos legitimadores que se encontram pendurados nela. Ainda citando Morin: "Começamos a nos tornar verdadeiramente racionais quando reconhecemos a racionalização até em nossa racionalidade e reconhecemos os próprios mitos, entre os quais o mito de nossa razão todo-poderosa e do progresso garantido".[51]

3 - Rejeições pós-modernas à mentalidade moderna

Para melhor expor esse sábio posicionamento da pós-modernidade diante de tal racionalização operada pela modernidade, vamos trabalhar três rejeições à epistemologia racionalizadora da modernidade, e uma afirmação como resposta às rejeições. As rejeições são as seguintes: rejeição da visão dualista do mundo, do fundacionalismo, da totalização e do papel das metanarrativas. A afirmação, que serve como "antídoto"

---

50 MORIN, Edgar. *Os sete saberes necessários à educação do futuro*. 11ª edição. São Paulo: Cortes. Brasília: UNESCO, 2006. p. 23.

51 *Ibid.*, p. 24.

à epistemologia moderna expressa nas características supra rejeitadas, é a centralização da relacionalidade como passagem a uma razão aberta.[52] Essa exposição das rejeições pós-modernas ao ideário da epistemologia moderna nos permitirá fechar a temática da racionalização da racionalidade praticada na modernidade, bem como servirá de articulação para afirmar aquilo que temos chamado de ampliação da razão.

3.1 - Rejeição da visão dualista do mundo

A rejeição pós-moderna à visão dualista do mundo surge a partir da crise da epistemologia construída pela modernidade sobre a objetivação possibilitada pela abordagem metodológica sujeito-objeto. A distinção cartesiana de *res cogitans* e *res extensa* gerou uma densa cosmovisão dualista[53] que se entranhou, sobretudo, na filosofia e nas ciências.

Os aspectos que geraram essa rejeição foram formados no interior da própria modernidade. Ou seja, a modernidade mesma é que produziu traumas e crises que colocaram tal visão acerca da realidade em cheque. Vitor Westhelle, numa obra coletiva que trata da teologia na perspectiva da pós-modernidade,[54] propõe que a modernidade produziu em seu

---

52 Para a temática desse roteiro nos baseamos em BURKHARD, John J. *Apostolicidade ontem e hoje: Igreja ecumênica no mundo pós-moderno*. São Paulo: Loyola, 2008, pp. 179-227.

53 O dualismo cartesiano somou-se ao já simbiotizado dualismo platônico. Esse separando mundo da matéria e mundo do espírito, aquele separando mente e matéria. Para um aprofundamento desta temática ver: RUBIO, Afonso Garcia. *Unidade na pluralidade. O ser humano à luz da fé e da reflexão cristãs*. 3ª edição. São Paulo: Paulus, 2001, pp. 95-114.

54 WESTHELLE, Vitor. *Traumas e opções: Teologia e crise da modernidade*. Em:

próprio interior quatro traumas que geraram a pós-modernidade. Os traumas apresentados por V. Westhelle são os seguintes: trauma cosmológico, do sujeito, histórico e, de legitimidade.

Sobre o trauma do sujeito, no qual nos deteremos agora, V. Westhelle identifica três pontos fundamentais que narram a ascensão e a queda da visão dualista sujeito-objeto: O *Cogito ergo sum* de Descartes, a revolução biológica de Darwin e, o inconsciente de Freud.

Trata-se agora de reconhecer Deus dentro dos limites mesmo da consciência. É a prova de Descartes que afirma Deus como a possibilidade de pensar uma ideia clara e distinta e, portanto, infinita: *cogito, ergo sum* (...) Este sujeito que se demarca contra o objeto no binarismo fundamental do Ocidente sabe agora que Deus não é o objeto de seu conhecimento como *res extensa*, mas só pode manifestar-se como a própria luz que permite ao sujeito se saber como tal, como sujeito. (...) Se o sujeito, sua emergência, salvou Deus da morte cósmica, então o sujeito é Deus. Esta é, por assim dizer, a dupla morte de Deus que agora se afirma como a imagem refletida do Narciso Ocidental que afirma, na verdade, não o *cogito* cartesiano, mas: *ego cogito ergo Deus est*. Quer dizer, Deus é a constituição de minha própria subjetividade.[55]

Esse sujeito cartesiano, constituído a partir do princípio da razão, que temporariamente se afirma no horizonte do eclipsamento do Deus *primum mobile*, encontra seu próprio desvanecer nos dois traumas seguintes, intrínsecos ao desenvolvimento da racionalização moderna.

MARASCHIN, Jaci & PIRES, Frederico Piper (orgs). *Teologia e pós-modernidade: novas perspectivas em teologia e ciências da religião*. São Paulo: Fonte Editorial, 2008, pp. 13-35.

55 *Ibid.*, pp. 16-17.

Quanto ao primeiro deles – produzido pela teoria da seleção das espécies da Charles Darwin – V. Westhelle afirma:

O trauma da revolução biológica de Darwin que ao estabelecer a origem das espécies retira do ser humano seu caráter único e absoluto ao relativizá-lo biologicamente, ao colocá-lo em uma genealogia que não permite reconhecimento de qualquer origem específica e cuja ascendência perde-se em obscuras e primitivas formas de vida.[56]

Ligado a esse primeiro trauma está o postulado psicanalítico da existência do inconsciente cuja capacidade de intervir na existência não pode ser controlada nem mesmo pela consciência do que sou.[57] "O que sou ou o que virei a ser não pode nem mesmo ser estabelecido pelo que penso ser. Eu não sou o que sou, é a revelação psicanalítica que nos tira da sarça ardente da autodeificação do sujeito".[58]

Outro autor que queremos considerar no tocante à rejeição pós-moderna à visão dualista do mundo, sobretudo em sua dimensão epistemológica, é José Maria Mardones. Trabalhando entre outras coisas o tema da epistemologia racionalista da modernidade, J. M. Mardones afirma: "A incerteza epistemológica pode ser considerada uma das consequências de maior contribuição do conhecimento do século XX. Isto é, o conhecimento dos limites do conhecimento".[59]

J. M. Mardones identifica essa característica da epistemologia pós-moderna como uma evidência da crise construída pela própria modernidade, que ele divide em duas crises complementares: crise do

---

56 *Ibid.*, p. 17.

57 *Ibid.*, p. 17.

58 *Ibid.*, p. 18.

59 MARDONES, José Maria. *A vida do símbolo. A dimensão simbólica da religião.* São Paulo: Paulinas, 2006, p. 223.

paradigma da filosofia da consciência ou do sujeito e crise do pensamento metafísico. Sobre a crise do paradigma da filosofia da consciência ou do sujeito, J. M. Mardones identifica Kant, Marx, Freud e Wittgenstein como seus principais atores.[60] Sobre as características dessa crise ele resume:

> *Em primeiro lugar, a própria evolução do pensamento questiona o paradigma sujeito-objeto, especialmente a concepção solipsista, abstrata e ideal do pensamento.*

Em segundo lugar, aparecem delineamentos que apelam para as chamadas "terceiras categorias" implicadas no pensamento: a sociedade, a linguagem, o corpo, a ação. Elementos desprezados ou esquecidos pela filosofia da consciência e que vão se manifestar como possuidores de relevância e importância enormes para o pensamento.

Em terceiro lugar, vai aparecendo uma razão cada vez mais situada, mais contextualizada e mediada pela linguagem, sempre em vista de uma ação ou solução de problemas.

Finalmente, vai se abrindo um horizonte no qual cada vez é mais difícil imaginar um pensamento capaz de proporcionar ideias definitivas e integradoras. Em outras palavras, estamos às portas do denominado pensamento pós-metafísico.[61]

Sobre a crise do pensamento metafísico J. M. Mardones se refere aos seguintes traços desse pensamento: pensamento *identitário*, aquele que é "referido ao uno e ao todo";[62] pensamento *idealista*, com "relação

---

60 *Ibid.*, pp. 227-228.
61 *Ibid.*, p. 229.
62 *Ibid.*, p. 230.

interna entre pensamento abstrato e o ser das coisas";[63] *filosofia da consciência*, voltada para o "sujeito fugir do condicionamento e obter representações absolutamente seguras dos objetos";[64] *conceito forte de teoria*, "uma espécie de concepção elitista da teoria, acima da práxis, desvinculada da realidade dos interesses e experiências cotidianos".[65]

J. M. Mardones sintetiza essa última crise da seguinte maneira:

> *A crise da metafísica evidencia (...) a passagem da razão abstrata e anistórica para uma razão situada e contextual, assim como de uma filosofia da consciência para uma filosofia da linguagem, e de um pensamento fixado em operações teóricas e desvinculado dos contextos práticos para um pensamento que toma consciência crescente do mundo da vida, da ação e da comunicação: afinal, da práxis.*[66]

Em suma, a partir do dualismo cartesiano que instaurou uma abordagem à realidade baseada no método sujeito-objeto, criou-se uma profunda e hierárquica separação entre aquilo que foi chamado de *res cogitans* e *res extensa*, a partir daí a razão humana (compreendida metafisicamente tendo sua sede na alma) ficou livre para submeter objetavelmente toda a realidade extensiva e não pensante. "Assim, toda a realidade fora do sujeito (...) torna-se objeto de análise científica do sujeito".[67] Nesse sentido, "a realidade é isto que é mensurável pelo sujeito".[68] O "eu"

---

63 *Ibid.*, p. 230.

64 *Ibid.*, p. 230.

65 *Ibid.*, p. 230.

66 *Ibid.*, p. 232.

67 TEIXEIRA, Evilázio Borges. *Aventura pós-moderna e sua sombra*. São Paulo: Paulus, 2005, p. 11.

68 *Ibid.*, p. 12.

torna-se o "centro e o ponto de partida (...) do conhecimento teórico da realidade".[69]

O resultado drástico dessa centralização do "eu" é que "o sujeito moderno se compreende não somente único e original, mas também como individual, ou ainda como solitário".[70] O ser humano reduzido à sua capacidade de racionalização instrumentaliza sua razão numa dinâmica profundamente dualista, que acaba por se voltar contra ele. Carlos Palácio afirma que essa "razão instrumental pressupõe um modelo de 'sujeito' e se apoia numa concepção antropológica que ameaça o equilíbrio da experiência humana".[71] John J. Burkhard sintetiza bem os resultados de tal processo.

Não existe uma unidade subjacente no cosmo ou no ser humano, mas somente duas "coisas" relacionadas de maneira antitética. Essa oposição extrema veio a se associar à realidade empírica, física, objetiva, ou seja, à ciência e, por outra parte, à realidade subjetiva, imaterial, espiritual, vale dizer, à pessoa humana. Cada um possui o seu próprio reino e valor, mas os dois, em última análise, são incapazes de se unir ou se manter em uma relação mútua.[72]

O pensamento pós-moderno tem muita dificuldade de conceber tal separação entre a esfera objetiva e subjetiva que compõe a realidade humana.[73] Essa dificuldade, no entanto, é muito mais o fruto da observação do século XX, do que de sistemas teóricos pensados aprioristicamente.

---

69 *Ibid.*, p. 20.

70 *Ibid.*, p. 24.

71 PALÁCIO, Carlos. op. cit., p. 68.

72 BURKHARD, John J. *Apostolicidade ontem e hoje: Igreja ecumênica no mundo pós-moderno.* São Paulo: Loyola, 2008, p. 184.

73 *Ibid.*

"A ameaça da aniquilação nuclear e a crise ambiental pela qual estamos passando parecem ser o resultado direto de uma rígida separação do mundo em objetos e sujeitos".[74] A ciência moderna é acusada de ser responsável por esses resultados catastróficos. Como reação a ciência pós-moderna "está em busca de uma nova metodologia mais nova e mais adequada ao mundo, situada além do dualismo herdado da modernidade".[75]

É muito propício citarmos nesse momento a nomeação que Michel Maffesoli faz para a inteligência moderna e para a pós-moderna. A primeira é abstrata, e "deriva infalivelmente para o dogmatismo, a intolerância, a escolástica".[76] A segunda é encarnada, é "atenta ao sensível, à criação natural, e se empenha o mais possível em evitar a separação".[77] Ele conclui de forma clara quando afirma: "Ao privilegiar-se este segundo polo, não se está de modo algum preconizando qualquer abdicação do intelecto, mas, sim, prevenindo contra um estreitamento da faculdade de compreender, evitando tal 'pecado da inteligência: aquele que mais separa' ".[78]

3.2 - Rejeição do fundacionalismo

O fundacionalismo se refere à concepção epistemológica que surgiu durante o iluminismo[79] que buscava estabelecer um discurso certo e

---

74 *Ibid.*, p. 184.

75 BURKHARD, John J. Op. cit. p. 184.

76 MAFFESOLI, Michel. *Elogio da razão sensível.* 3ª edição. Petrópolis: Vozes, 2005, p. 40.

77 *Ibid.*, p. 41.

78 *Ibid.*

79 Embora estejamos colocando esse marco inicial para o fundacionalismo, pos-

universal acerca da realidade.[80] No sentido de obter um conhecimento "objetivo" do universo – universo como objeto – e do mundo da verdade recorreu-se à tese do fundamento único e imutável a partir do qual seria possível deduzir a verdade.[81] Como explica Burkhard:

Na forma como se usa hoje, o termo fundacionalismo refere-se a princípios absolutamente irredutíveis do conhecimento e da ação, cuja verdade se impõe com irrefutável poder de prova. Trata-se de primeiros princípios, porque não se supõe nada que os anteceda, sendo, portanto, inquestionáveis.[82]

O papel que a tradição ocupava numa concepção de mundo pré-moderna, foi assumido por princípios fundacionais, absolutos e inquestionáveis.[83] No contexto da modernidade isso foi realizado primeiramente na colocação do axioma *cogito ergo sum*. A razão é o fundamento. Mas qual seria o fundamento da razão? Para Wolfhart Pannenberg a ideia do *cogito* como fundamento da verdade deve ser compreendida em chave teológica, já que o fundamento do *cogito* é a própria ideia de

---

turas epistemológicas semelhantes já poderiam ser encontradas na metafísica grega e, em sua incidência sobre o pensamento cristão primitivo (patrístico). Uma abordagem profunda sobre esse capítulo da epistemologia pode ser encontrada em BORNHEIM, Gerd. *Metafísica e finitude*. São Paulo: Editora Perspectiva, 2001. Nessa obra destaca-se o segundo capítulo: *Observações sobre a presença da metafísica platônica no pensamento de Santo Agostinho*. pp. 37-62.

80 MACLAREN, Brian. *Uma ortodoxia generosa. A Igreja em tempos de pós-modernidade*. Brasília: Editora Palavra, 2008, p. 17.

81 BURKHARD, John J. Op. cit., p.185.

82 *Ibid.*

83 *Ibid.*

Deus.⁸⁴ Lendo *As meditações* de Descartes, ele se refere a essa relação nos seguintes termos:

As meditações constituem "um tratado metafísico teocêntrico [...]" que, já pelo seu título, visa tratar primordialmente da existência de Deus e da imortalidade da alma. O famoso *ego cogito, ergo sum* da segunda meditação representa apenas um passo no caminho da fundamentação da ideia de Deus a partir da intuição do infinito, que, segundo a terceira meditação, constitui o fundamento transcendental (nos termos de Kant) do ego, (...) a introdução da autocerteza do eu pensante, que alude a Agostinho, proporcionou o acesso à ideia de Deus, mas esta, em termos de realidade, é fundamental tanto para a autoapreensão do eu quanto para o conhecimento das coisas do mundo. Tudo o que é finito, inclusive o próprio eu só pode ser pensado como limitação do infinito.⁸⁵

Essa estreita relação entre o *cogito* como fundamento, que por sua vez encontra – numa dinâmica metafísica – seu fundamento em certa concepção de Deus (o *primum mobile* aristotélico), enfrenta, no entanto, sérias limitações na sensibilidade pós-moderna. Burkhard, refletindo sobre a postura do fundacionalismo, depois de observar que "todo o nosso conhecimento humano ou todo o nosso esforço 'está assentado' sobre esses fundamentos",⁸⁶ conclui que: "Tudo passará a ser questionado, quando se colocarem em dúvida os fundamentos".⁸⁷ Partindo da mesma perspectiva pós-moderna V. Westhelle aprofunda ainda mais o

---

84   PANNENBERG, Wolfhart. *Filosofia e teologia. Tensões e convergências de uma busca comum*. São Paulo: Paulinas, 2008, p.135.

85   *Ibid*.

86   BURKHARD, John J. Op. cit., p. 185.

87   *Ibid*.

problema da identificação entre fundamento finito e infinito realizada pela metafísica cartesiana.

O sol como âncora de significado para o universo passou do firmamento ao interior na consciência do próprio sujeito. Este sujeito que se demarca contra o objeto no binarismo fundamental do Ocidente sabe agora que Deus não é o objeto de seu conhecimento como *res extensa*, mas só pode manifestar-se como a própria luz que permite o sujeito se saber como tal, como sujeito. O que se chama de desconstrução do Ocidente é finalmente reconhecer que este discurso dissimula o fato que Nietzsche soube tão bem diagnosticar: se o sujeito, sua emergência, salvou Deus da sua própria morte cósmica, então o sujeito é Deus. Essa é, por assim dizer, a dupla morte de Deus que agora se sustenta como a imagem refletida do Narciso Ocidental que afirma, na verdade, não o *cogito* cartesiano, mas: *ego cogito, ergo Deus est*. Quer dizer, Deus é a constituição de minha própria subjetividade. (...) Mas não paremos aqui. É necessário reconhecer neste próprio processo que Deus não é apenas a projeção do sujeito, como queria Feuerbach, mas o sujeito é uma autoprojeção em um processo historicamente demarcado.[88]

Efetivamente o fundacionalismo enfrenta sua decadência desde o funesto anúncio nietzschiano da morte de Deus.[89] G. Vattimo, partindo do pensamento de Nietzsche acerca da morte de Deus e da proposição de Heidegger sobre o fim da metafísica leva às últimas consequências a desfundacionalização de todo discurso sobre a realidade.[90] Ele afirma:

---

88 WESTHELLE, Vitor. Op. cit., pp. 16-17.

89 NIETZSCHE, Friedrich. *A gaia ciência*. São Paulo: Companhia das Letras, 2001, pp.147-148.

90 Trataremos o pensamento de Gianni Vattimo com mais profundidade no terceiro capítulo do livro.

> *De forma muito simplificada, creio poder dizer que a época na qual vivemos hoje, e que com justa razão chamamos de pós-moderna, é aquela em que não mais podemos pensar a realidade como uma estrutura fortemente ancorada em um único fundamento, que a filosofia teria a tarefa de conhecer e a religião, talvez, a de adorar. O mundo pluralista em que vivemos não mais se deixa interpretar por um pensamento que deseja unificá-lo a qualquer custo, em nome de uma verdade definitiva.[91]*

Em face a um questionamento óbvio que pode surgir do projeto pós-moderno de desfundacionalização, a saber: não seria isto um mergulho na irracionalidade, na impossibilidade do dizer racional? A esta questão Vattimo responde de pronto:

É possível perguntarmos, por exemplo, como ainda argumentamos racionalmente uma vez que renunciamos à pretensão de encontrar um fundamento definitivo cuja validade ultrapasse as diferenças culturais. E, neste caso, a resposta poderia ser a seguinte: o valor universal de uma afirmação se constrói estruturando o consenso no diálogo e não pretendendo ter direito ao consenso por determos a verdade absoluta. E este consenso dialético se estrutura a partir do reconhecimento de tudo aquilo que temos em comum como patrimônio cultural, histórico e, até mesmo das aquisições técno-científicas.[92]

A crítica ao fundacionalismo é, portanto, uma das mais fortes da pós-modernidade à epistemologia moderna e sua racionalização. À noção epistemológica metafísico-essencialista da verdade como adequação da realidade com o intelecto gerador de uma compreensão objetiva da

---

91 VATTIMO, Gianni. *Depois da cristandade*. Op. cit., p. 11.
92 *Ibid.*, p. 12.

realidade,[93] é contraposta a tese de que não existe uma única ideia de ser, nem uma única ideia de verdade, nem uma visão universal e unitária da história.[94] Nessa postura pós-moderna encontra-se uma pluralidade de seres, de verdades e de histórias particulares. "Para a concepção filosófica pós-moderna, não existe uma verdade como fundamento último de compreensão da realidade. Tudo pode ser colocado como se fosse um jogo de interpretações, dentro de um contexto de finitude e fraqueza das estruturas".[95]

É, portanto, neste contexto que a rejeição do fundacionalismo assumida pelo pensamento pós-moderno se coloca. Há mesmo "uma convergência em afirmar que não há uma fundação única, última, normativa"[96] para o conhecimento. Essa

> *crise de fundamentos, porém, não é uma "má verdade" que deve ser superada por uma "boa verdade", ou seja, por um fundamento válido. (...) Aqui se coloca a importância de uma hermenêutica continuada como pensamento da diferença em relação à pretensão metafísica de dar conta da compreensão da realidade.*[97]

---

93 SCOPINHO, Sávio Carlos. Desan. Entre o trágico e o secularizado. Uma visão secularizada e não-sacrificial do cristianismo. Em: *Revista Eclesiástica Brasileira 68*. Petrópolis: Vozes, 2008. p. 579.

94 SCOPINHO, Sávio Carlos. Desan. Filosofia e sociedade pós-moderna. Crítica filosófica de Gianni Vattimo ao pensamento moderno. Porto Alegre: EDIPUCRS, 2004, p. 106.

95 Ibid., pp. 106-107.

96 TEIXEIRA, Evilázio Borges. Op. cit., p. 7.

97 Ibid., p. 8.

3.3 - Rejeição da totalização e do papel das metanarrativas

O ideal moderno de abranger racionalmente toda a realidade gerou esforços para captar totalmente a realidade nas fórmulas e proposições universais.[98] A modernidade, seguindo a perspectiva epistemológica que afirma a possível adequação da mente à realidade sendo possível então "capturá-la", fixou esta realidade de forma normativa, criando um acesso único a ela, só expresso adequadamente de maneira total, universal e unívoca.[99] Essa expressão discursiva de tal epistemologia moderna é chamada metanarrativa.

Foi Jean François Lyotard quem trouxe o problema das metanarrativas para o interior do debate acerca do pós-moderno. Sua declaração a respeito do fim das metarrativas como traço da pós-modernidade resultou de um estudo encomendado pelo conselho universitário do governo de Quebec (Canadá),[100] com o intuito de investigar a mudança epistemológica que vinha ocorrendo ao longo do século XX.[101]

---

98   BURKHARD, John J. Op. cit. p. 187.
99   Isso pode ser facilmente verificado em diversas áreas do conhecimento moderno. Na filosofia esse fenômeno pode ser notado, por exemplo, nos sistemas de Karl Marx e George W. F. Hegel – ambos propositores de abordagens universais e totalizantes. Na política a totalização assumiu diversas formas: militarismo, colonialismo e imperialismo. De forma ainda mais contundente podemos citar também os totalitarismos nacionalistas como o Nazismo, Fascismo e o Socialismo Real. Comum a esses sistemas filosóficos e políticos são a eloquência e as narrativas fortes e totalizadoras que eles defendem. São sistemas legitimados a partir de metarrativas. BURKHARD, John J. Op. cit. pp. 187-189.
100 ESPERANDIO, Mary Rute Gomes. Op. cit. pp. 48-50.
101 O relatório desse estudo foi publicado em Paris por Lyotard em 1979 com o título *La Condition Postmoderne*. Livro que do ponto de vista da filosofia tornou-se

O próprio J. F. Lyotard, logo na introdução de seu texto mostra o viés epistemológico de sua pesquisa.

Este estudo tem por objeto a condição do saber nas sociedades mais desenvolvidas. Decidiu-se nomeá-las "pós-modernas". A palavra (...) designa o estado da cultura após as transformações que afetaram as regras dos jogos da ciência, da literatura e das artes a partir do fim do século XIX. Estas transformações serão situadas aqui relativamente à crise das narrativas.[102]

V. Westhelle identifica a crítica lyotardiana das metanarrativas como um dos traumas que a modernidade produziu em seu interior: o trauma histórico. V. Westhelle afirma que: "O trauma histórico ou a perda de um significado único corresponde à decadência do que se tem chamado de grandes narrativas ou metanarrativas que fundaram e sustentaram o edifício Ocidental".[103] O próprio J. F. Lyotard evidencia a relação necessária que a modernidade mantém com as metanarrativas:

> *Quando este metadiscurso recorre explicitamente a esta ou aquela grande narrativa, como a dialética do espírito, a hermenêutica do sentido, a emancipação do sujeito racional ou trabalhador, o desenvolvimento da riqueza, decide-se chamar 'moderna' à ciência que a elas se refere para legitimar.*[104]

Para J. F. Lyotard metarrativa é uma grande narrativa com pretensões totalizantes e, com função de legitimação da vida em todos os seus

---

um marco para os debates sobre pós-modernidade.

102   LYOTARD, Jean François. A condição pós-moderna. Lisboa: Gradiva Publicações, 2003, p. 11.

103   WESTHELLE, Vitor. Op. cit., p. 19.

104   LYOTARD, Jean François. Op. cit., p. 11.

aspectos. "São as grandes narrativas que estruturam e justificam instituições sociais, práticas políticas, leis, escolhas éticas, modos de pensar na vida cotidiana e na relação com o outro".[105] Essas grandes narrativas baseiam-se numa epistemologia fundada sobre a ideia do indivíduo racional como sujeito de conhecimento pleno. Esse é possivelmente o fator mais importante de seu declínio, ao menos como propõe a pós-modernidade. À medida que a filosofia da consciência com seu apelo ao *cogito* cartesiano entra em colapso, sua forma discursiva – metanarrativas – enfrenta o mesmo impacto desconstrutor.

J. F. Lyotard mostra como o pensamento pós-moderno rejeita tal abordagem totalizadora da realidade. Ele afirma "que o pós-moderno é a incredulidade em relação às metanarrativas".[106] E ainda, que o

> *saber pós-moderno não é somente o instrumento dos poderes. Ele refina a nossa sensibilidade para as diferenças e reforça a nossa capacidade de suportar o incomensurável. Ele próprio não encontrou a sua razão na homologia dos peritos, mas na paralogia dos inventores.*[107]

A hipótese que está posta é que o "saber muda de estatuto ao mesmo tempo em que as sociedades entram na era dita pós-industrial e as culturas na era dita pós-moderna".[108]

À modernidade, sustentada sobre o princípio do sujeito racional, coube os sistemas totalitários e a celebração de descrições absolutas acerca da realidade (metanarrativas). Agora, porém, no horizonte pós-moderno, o descrédito destas grandes descrições inaugura uma outra

---

105 ESPERANDIO, Mary Rute Gomes. Op. cit., p. 50.
106 LYOTARD, Jean François. Op. cit., p. 12.
107 *Ibid.*, p. 13.
108 *Ibid.*, p. 15.

epistemologia onde a "pequena narrativa continua a ser a forma por excelência assumida pela invenção imaginativa".[109] A legitimação dessas pequenas narrativas não passa pela capacidade de totalização das metanarrativas, mas por conjuntos de regras – sempre necessárias –, porém com uma "determinação sempre local".[110] Expressando claramente o princípio de legitimação das pequenas narrativas, J. F. Lyotard afirma que "existe consenso sobre as regras que definem cada jogo e os lances que nele são feitos, este consenso deve ser local, ou seja, obtido pelos parceiros atuais e sujeitos a rescisão eventual".[111] Extraindo desse princípio legitimador – consenso local – as consequências práticas, J. F. Lyotard conclui: "está-se então orientado para multiplicidade de meta-argumentações finitas, isto é, argumentações que incidem sobre metaprescritivos e que são limitadas no espaço-tempo".[112]

G. Vattimo interpreta a crítica lyotardiana às metanarrativas como uma possibilidade de liberação dos "dialetos", resultante da afirmação positiva da diferença.[113] Ele afirma:

> *Se falo o meu dialeto, finalmente, num mundo de dialetos entre outros, se professo o meu sistema de valores – religiosos, estéticos, políticos, étnicos – neste mundo de culturas plurais, terei também uma consciência intensa da historicidade, contingência, limitação, de todos estes sistemas, a começar pelo meu.*[114]

---

109 *Ibid.*, p. 121.

110 *Ibid.*, p. 122.

111 *Ibid.*, p. 131.

112 *Ibid.*

113 VATTIMO, Gianni. *A sociedade transparente*. Op. cit., p. 15.

114 *Ibid.*, p. 15.

G. Vattimo aprofunda essa liberação de dialetos, mostrando que ela apresenta uma nova abordagem compreensiva ao tema do ser.

Custa-nos conceber esta oscilação como liberdade: a nostalgia dos horizontes fechados, ameaçadores e tranquilizadores ao mesmo tempo, continua ainda radicada em nós, como indivíduos e como sociedade. Filósofos niilistas como Nietzsche e Heidegger (mas também pragmatistas como Dewey ou Wittgenstein), ao mostrarem que o ser não coincide necessariamente com aquilo que é estável, fixo, permanente, mas tem antes a ver com o acontecimento, o consenso, o diálogo, a interpretação, esforçam-se por nos tornar capazes de alcançar esta experiência de oscilação do mundo pós-moderno como chance de um novo modo de ser (talvez: finalmente) humanos.[115]

A despeito de toda desconfiança do mundo religioso e até teológico acerca do risco de um relativismo que venha minar a fé cristã, G. Vattimo vê nesse cenário um ambiente bastante favorável para a vivência da experiência cristã. Porém, não sem um custo alto que reside na renúncia às próprias metanarrativas excludentes da diferença. Ele afirma:

> *O reconhecimento de direitos iguais para as culturas outras, que no plano político ocorreu com o final do colonialismo e no plano teórico com a dissolução das "metanarrativas" eurocêntricas, no caso das igrejas cristãs exige o abandono dos comportamentos "missionários", isto é, da pretensão de levar ao mundo pagão a verdade única.*[116]

Positivamente ele ainda sublinha que:

---

115 *Ibid.*, p. 17.
116 VATTIMO, Gianni. *Depois da cristandade*. Op. cit., p. 65.

> Com o crepúsculo das metanarrativas (...) – das filosofias sistemáticas persuadidas de terem apreendido a verdadeira estrutura do real, as leis da história, o método para o conhecimento da única verdade –, também perderam valor todas as razões fortes para um ateísmo filosófico.[117]

A adesão às pequenas narrativas como forma de rejeição a discursos totalizadores coloca o pensamento e a tarefa de produção de conhecimento diante da irredutível condição plural que identifica a pós-modernidade. Num mundo de muitos dialetos nos encontramos não com um discurso axiomaticamente universal, mas com uma proposta discursiva com pretensões de universalidade que só se mostrarão viáveis à medida de inúmeros consensos locais efetivamente realizados não pela força da doutrina, mas pela sedução de uma estética existencial. Para tanto surge o desafio da aproximação e identificação com as pequenas narrativas que se encontram por aí. A questão é de qual delas nos aproximaremos.

A resposta dos pensadores pós-modernos tem sido a de renúncia à grande narrativa para privilegiar o que Lyotard chama de "*petits récits*" (modestas narrativas). Vem ao caso a história de cada pessoa: indivíduos, pequenos grupos, tribos, nações pequenas e grandes, principais religiões e suas denominações religiosas, mulheres, oprimidos etc. Que tipo de narrativa exige mais atenção, a narrativa dos escravos negros americanos cristãos, aspirando pela liberdade, ou a narrativa recitada pelos senhores cristãos brancos daqueles escravos? A narrativa de sul-africanos cristãos negros, ou a narrativa cristã feita pelos cristãos brancos que apoiavam o *apartheid*? A narrativa das origens dos cristãos primitivos que nos desafia a considerar a igualdade dos homens e mulheres na comunidade, ou a narrativa que afirma a superioridade do

---

117 *Ibid.*, p. 109.

homem e a rígida hierarquia das funções? As narrativas e suas memórias podem ser perigosas e subversivas.[118]

4 - A ascensão do princípio da relacionalidade

De um **eu** ensimesmado e estéril produzido pelo racionalismo fechado e sua separação sujeito-objeto, a um **nós** fértil e regenerativo que compõe a relacionalidade[119] propugnada por uma racionalidade aberta.

---

118 BURKHARD, John J. Op. cit., p. 190.
119 O conceito de relacionalidade como base para uma racionalidade aberta e integradora está apoiado no "pensamento relacional" (BUKHARD, John J. Op. cit., p. 199), matriz de pensamento característico do século XX. Dois autores se destacam no desenvolvimento do pensamento relacional: John Macmurray e Martin Buber. Buber é sem dúvida o mais conhecido, porém Macmurray tratou desse tema a partir da teologia cristã. Duas importantes obras suas são The Self as Agent. London: Faber and Faber Limited, 1957. E Persons in Relation. London: Faber and Faber Limited, 1961. Na primeira obra Macmurray desafiou as ideias modernas sobre natureza humana e sujeito racional isolado, propondo no lugar um sujeito humano como agente de relações. Dessa forma o acento no pensar (que pode ser restringido à interioridade) é substituído pelo agir que necessariamente deve levar em conta a exterioridade do ser. A pessoa não é seu pensamento isolado, mas sua ação integrada e integradora. MACMURRAY, John. The Self as Agent. London: Faber and Faber Limited, 1957, pp. 56-80.
No centro de seu conceito de pessoa está a relação como elemento constitutivo. Pelos atos – pessoa como agente – a relação é constituída. Como afirma Bukhard citando a obra *Persons in Relation*: Macmurray introduziu a ideia da agência humana enquanto comunidade humana. O ser humano é estar em relação com outras pessoas. BUKHARD, John J. Op. cit., p. 200.
O outro autor que sustenta o conceito de "pensamento relacional" é Martin Buber. Notória é sua obra *Ich und Du*, traduzida para o português por Newton Aquiles Von Zuber e publicada no Brasil em 1980 pela Editora Moraes com o título *EU e TU*. Buber faz uma importante distinção entre EU-TU e EU-Isso. EU-Isso equivaleria

Esse é o caminho que a pós-modernidade em sua reação à modernidade pode nos apresentar. É a relacionalidade quem pode recuperar a dimensão dialogal da razão. Ela se constitui, portanto, numa forma de ser no mundo que não é um estar num novo mundo, antes, um estar diferente no mesmo mundo: um estar em relação.

Falar dessa forma de ser no mundo – a relacionalidade –, é o mesmo que levantar a questão sobre a ampliação do conceito de racionalidade. Esta, por sua vez, depende da conversão da subjetividade: de uma subjetividade fechada sobre a estreiteza da racionalização, para uma subjetividade aberta ao outro (outros e Outro) e, portanto, à relação. De um fechamento em si é preciso caminhar para uma abertura à alteridade. Como afirma Alfonso Garcia Rubio:

> *Fechado em si mesmo, o ser humano coisifica e instrumentaliza todo tipo de relação. Se for uma pessoa religiosa, aceitará Deus só na medida em que este responde à sua expectativa. Utiliza o divino apenas para o interesse próprio, tal como utiliza as relações com os seres humanos. O outro só é "aceito" quando pode responder às suas necessidades; e o seu relacionamento com a natureza também é meramente utilitário. Não é percebido nem celebrado o simbolismo que ela contém. Quer dizer, o outro (Deus, homem, mulher, filho etc.) não é aceito como outro (...) predomina, na subjetividade fechada, a rejeição do outro como outro, (...) a subjetividade fechada instaura e desenvolve relações desumanizantes, leva à morte do outro e ao desastre ecológico.*[120]

à fraturada relação sujeito/objeto, enquanto EU-TU é o princípio da relação como base de todo saber e, por fim, da própria existência. O TU é sempre primordial no pensamento relacional, é na valorização plena do TU (que pode ser o TU pessoa, ou mesmo o TU divino) que nos fazemos humanos.

120 RUBIO, Alfonso Garcia. *Evangelização e maturidade afetiva*. São Paulo: Paulinas.

É preciso, portanto, superar essa subjetividade fechada geradora de "relações desumanizantes" e, experimentar uma nova subjetividade que nos permita aceitar a proposta relacional como nova forma de ser no mundo.

Na subjetividade aberta, o ser humano vivencia a alteridade, isto é, o reconhecimento, a aceitação e a valorização do outro, na sua diferença. Comporta superação do medo do que seja diferente e do narcisismo. Na relação com Deus, a pessoa é capaz de abrir-se à sua novidade, de aceitar a transcendência e de acolher a sua interpelação. Supera a tentação de medir Deus segundo a expectativa humana. Deus não é manipulado nem instrumentalizado. Na relação com ele, o ser humano pode encontrar respostas às carências de ser criado. (...) A pessoa, nas suas relações interpessoais, se abre aos outros seres humanos, respeitados e aceitos como diferentes. (...) Na relação com o meio ambiente, a pessoa supera a perspectiva meramente utilitária e mecanicista. (...) Mediante um processo lento e nada fácil – identificado com o processo de humanização – a pessoa vai aprendendo a se abrir ao outro (Deus, mulher, homem, filho), respeitando-o e aceitando-o como diferente.[121]

A relacionalidade como forma de ser no mundo – e também como perspectiva pré-epistemológica[122] – tem um grande desafio que é a integração daquilo que foi cindido pelo dualismo cartesiano. *Res cogitans* e *res extensa* não podem ser dimensões colocadas em posição

---

pp. 36-37.

121 RUBIO, Alfonso Garcia. Op. cit., pp. 37-38.

122 Por perspectiva pré-epistemológica compreendemos um pano de fundo prático-conceitual onde se possa encontrar elementos suficientes para a proposição de uma epistemologia.

hierárquica, mas articuladas numa dinâmica integradora. Carlos Palácio percebe bem essa cisão entre sujeito e objeto operada pela razão instrumental.

Ao afirmar de maneira absoluta a primazia do lógico sobre o ser, a razão moderna privilegiou a perspectiva do sujeito que impõe à realidade o seu código interpretativo. O resultado foi a ruptura nunca mais superada entre sujeito e objeto, com todos os seus desdobramentos, e os isolamentos em si mesmo de um sujeito autocentrado, não dialogal.[123]

Ressaltando a profunda crise da razão instrumental preconizada pelo dualismo cartesiano, Palácio aponta precisamente a sua extensão, ao mesmo tempo em que o campo onde a batalha de superação de tal cisão deve se dar: a antropologia. Segundo ele "para sair desta aporia não basta fazer uma crítica do conhecimento, mesmo em nome de uma 'razão comunicativa'. É preciso descer até a antropologia que sustenta a pretensão absoluta da razão moderna".[124]

Deslocar o problema da cisão sujeito/objeto para o campo da antropologia é dar a concretude necessária a ele. Desta forma tal cisão não é simplesmente uma questão epistemológica, mas uma questão histórico-existencial, campo onde a teologia encontra seu chão próprio. Palácio conclui seu argumento afirmando que "o ser humano é constitutivamente dialogal, um 'eu' ante um 'tu'. Ser relacional em si mesmo".[125]

A ascensão do outro como um "tu" diante do "eu" é exatamente o que assumimos como princípio da relacionalidade. Princípio que deve ser a base para uma racionalidade aberta e integradora. Partindo

---

123 PALÁCIO, Carlos. *Novos paradigmas ou fim de uma era teológica?* Em. ANJOS, Marcio Fabri. *Teologia aberta ao futuro.* São Paulo: Loyola, 1997, p. 94.

124 *Ibid.*

125 *Ibid.*

da realidade do humano como ser dialogal deve-se chegar a uma epistemologia adequada a tal dialogicidade. Isto é, uma perspectiva sobre o conhecimento que opere o descentramento da razão. Não para negá-la, mas para transgredi-la, para ir além.[126] Citando ainda C. Palácio:

> *O primigênio na experiência humana não é o cogito que isola, o pensar autocentrado, mas o ser pensado por alguém. E, portanto, ser amado. De modo que o cogito* ergo sum *cartesiano poderia e deveria ser transcrito como amor* ergo sum. *Só um ser humano constitutivamente relacional é capaz de superar a aporia do "conhecimento sem amor.*[127]

No sentido de expor melhor o tema da emergência do outro como sujeito, que constitui em última análise a relacionalidade, procederemos discutindo primeiro a necessária conversão da interioridade existencial, onde se encontra cristalizadamente estabelecido o núcleo mais potente da racionalização – a ideia da razão suficiente – e, logo depois, prática dessa conversão naquilo que seria a vivência mesma da relacionalidade.

4.1 - Dimensão de imanência e interiorização e dimensão de abertura ou transcendência

Para falar de relacionalidade - da ascensão do outro não mais como objeto, antes como sujeito de todo processo de conhecimento e existência - é necessário mostrar que esse movimento exige uma conversão na concepção de subjetividade. Essa conversão pode ser compreendida

---

126 *Ibid.*, p. 95.

127 *Ibid.*

como um descentramento. Não como uma forma de autonegação, nem tampouco nenhum tipo de pessimismo radical mais ou menos influenciado por matrizes intelectuais e religiosas de corte dualista.[128]

Descentrar-se é um convite a um encontro mais profundo com o outro, que em última análise acaba por cooperar para um maior conhecimento do próprio eu. É uma relação que tem início na própria interioridade, mas que só se mantém na medida em que se abre à alteridade. Esse seria o passo limiar para a construção de uma racionalidade mais aberta, que consiga integrar outras dimensões da existência humana no processo de conhecimento da realidade.

A dimensão de imanência deve ser articulada em conjunto com a dimensão de transcendência. Interioridade e alteridade devem se iluminar mutuamente, corrigindo-se e afirmando-se. Por um lado é certo que a pessoa é chamada a se autopossuir e desenvolver sua própria finalidade.[129] Porém, isso não pode justificar um autocentramento que isole a pessoa num fechamento ao entorno de seus próprios interesses, projetos e aspirações.

Esse movimento rumo à alteridade, uma vez iniciado a partir de uma interioridade salutarmente fortalecida, opera a plena humanização. Homens e mulheres encontrados consigo à procura do encontro com o Outro. Isso é relacionalidade, e nesse caminho há possibilidade de afirmar uma racionalidade aberta que integre as diversas dimensões da realidade.

---

128 Alfonso Garcia Rubio em sua principal obra de antropologia teológica trabalha em seu segundo capítulo as influências do dualismo no pensamento e práticas cristãs. RUBIO, Alfonso Garcia. *Unidade na pluralidade: O ser humano à luz da fé e da reflexão cristãs.* São Paulo: Paulinas, 2000, pp. 95-114.

129 RUBIO, Alfonso Garcia. Op. cit., p. 309.

Esse caminho a uma racionalidade relacional se dá numa circularidade elíptica onde as linhas tocam os extremos de um espaço. Há aí um encontro com o outro em todas as suas dimensões: o outro que é o mundo, o outro que é o irmão e aquele que é o totalmente Outro.

Abertura ao mundo – É verdade que a pessoa é qualitativamente diferente das coisas do mundo e da natureza, mas é igualmente certo que a pessoa humana, pessoa encarnada, forma parte também do mundo natural. É criatura entre as criaturas, unidas a todas as outras numa solidariedade fundamental. É verdade que a pessoa humana, imagem de Deus, é chamada a trabalhar o mundo para transformá-lo em morada digna dos homens (todos); mas trata de um relacionamento que deve ser vivido responsavelmente e deve sempre estar penetrado do respeito às leis que regem o dinamismo do ecossistema do qual o homem é parte".[130]

Alfonso Garcia Rubio propõe como traços constitutivos da pessoa humana as seguintes características:

Autopossessão: a pessoa se autopertence, possui autonomia própria no nível ôntico, (...) consequência: a pessoa não é propriedade de outro.

Liberdade e responsabilidade: a pessoa é capaz de escolher determinados valores por si mesma, (...) é chamada a ser livre, (...) consequência: repugna à dignidade da pessoa todo o tipo de manipulação; Perseidade: a pessoa tem em si a sua própria finalidade. No seu agir,

---

130 *Ibid.*, p. 310.

a pessoa, acima de tudo, se autorrealiza como ser pessoal, (...) consequência: a pessoa não é um objeto ou um instrumento para ser usado e depois deixado de lado, (...) viver puramente em função do outro, descuidando sua autofinalidade, aliena a pessoa, desumanizando-a.[131]

O homem e a mulher enquanto pessoas o são no mundo em sua representação como cultura ou natureza. Certa racionalidade instrumental e estreita operou um divórcio entre a pessoa e seu mundo,[132] tornando-o estranho e, portanto, sujeito à exploração e subjugação. Numa proposta de humanização e relacionalidade esse divórcio deve ser superado. Um reencontro de homens e mulheres com o mundo (natureza/cultura) é urgente.

Abertura aos outros – A liberdade, autonomia e autofinalidade da pessoa se realiza na relação, no diálogo, no encontro, na abertura aos outros seres pessoais. Sair de si para o encontro (em diversos níveis) é constitutivo da pessoa".[133]

Essa abertura ao outro é um aspecto dos mais centrais no processo de afirmação de uma racionalidade aberta, onde o esquema sujeito/objeto é superado por uma intersubjetividade muito mais fecunda.[134]

---

131   *Ibid.*, p. 308.

132   A esse respeito ver *O ponto de mutação* de Fritjof Capra, da Editora Cultrix. Vale a pena destacar sobretudo o terceiro capítulo: A influência do pensamento cartesiano-newtoniano, pp. 93-256.

133   RUBIO, Alfonso Garcia. Op. cit. p. 310.

134   Esse "outro" não é somente uma pessoa, é também uma sociedade, uma comunidade, um coletivo. Isso coloca o encontro com esse outro em diversos níveis. Há o

Efetivamente nosso parâmetro de percepção da realidade sensível é o outro, aquele que pode nos interpelar, do qual não podemos escapar à sua face.[135] Mas não somente da realidade sensível, a percepção do próprio desvelamento divino passa pelo reconhecimento do outro.

O escritor da primeira carta de João leva essa centralidade referencial da presença de Deus na face do outro às últimas consequências, àquelas de nível soteriológico e escatológico. "O que ama o seu irmão permanece na luz, e nele não há ocasião de queda".[136] E ainda: "Nós sabemos que passamos da morte para a vida porque amamos os irmãos".[137] E por fim:

> Caríssimos,
> se Deus assim nos amou,
> devemos, nós também, amar-nos uns aos outros.
> Ninguém jamais contemplou a Deus.
> Se nos amarmos uns aos outros,
> Deus permanece em nós,

---

nível personalista, mas também o nível sociopolítico. É exatamente esse último que tem sido mais desprezado ao longo da história da teologia.

135 Acerca da temática da imersão do outro como parâmetro para novas relações éticas (alteridade), é determinante o pensamento de Emmanuel Levinas, sobretudo na obra *Totalité et Infini*. Aqui citaremos a tradução de José Pinto Ribeiro: LEVINAS, Emmanuel, *Totalidade e Infinito*. Lisboa: Edições 70, 1980. Nessa obra merece destaque a terceira secção *O rosto e a exterioridade*, onde Levinas trata especificamente do tema da ética e sua relação com a face do outro, propondo desta forma uma filosofia da alteridade. pp. 167-232. Além dessa obra ver também LEVINAS, Emmanuel. *De Deus vem a ideia*. Petrópolis: Vozes, 2001. LEVINAS, Emmanuel. *Entre nós. Ensaios sobre a alteridade*. Petrópolis: Vozes, 2005.

136 1 João 2: 10.

137 1 João 3: 14.

e o seu amor em nós é levado à perfeição.
Nisto reconhecemos
que permanecemos nele e ele em nós:
Ele nos deu o seu Espírito.[138]

Abertura a Deus – É o aspecto mais fundamental da pessoa (...) Deus estabelece uma relação dialógica com o ser humano; só o ser humano pode falar com Deus e aceitar a sua proposta. A relação com Deus, relação única e exclusiva faz de cada indivíduo humano uma pessoa e não apenas mais um indivíduo da espécie humana".[139]

Essa relação primordial com Deus dá a base para as demais relações. Todo o processo de afirmação de uma racionalidade aberta à realidade sensível, que se concretiza na relacionalidade depende dessa relação fontal com Deus.

Conclusão

Para além das tensões e discordâncias acerca da legitimidade do conceito de "pós-modernidade", uma coisa é notória: a modernidade com seu princípio de suficiência da razão instrumental encontra-se em profundo processo agônico. Seus projetos de progresso e desenvolvimento não se realizaram sem um terrível preço a ser pago pelos povos, sobretudo pelos mais pobres.

Em meio a esta agonia a já desgastada relação sujeito/objeto evidencia seu esgotamento, claramente percebido na fragmentação do mundo, na desintegração das relações intra e inter-humanas, no isolamento dos seres humanos em relação aos demais seres vivos, em suma,

---

138   1 João 4: 9-13.
139   RUBIO, Alfonso Garcia. Op. cit., p. 311.

no corrosivo individualismo gestado na concepção do homem racional como *res cogitans*.

Ao longo deste capítulo pudemos construir uma caminhada capaz de evidenciar esse processo de esgotamento, mas, sobretudo, pudemos traçar linhas sobre as quais pode ser possível equilibrar uma outra concepção de racionalidade, mais aberta e um tanto indeterminada, e também mais integradora das diversas formas de percepção da realidade que integram nossa existência.

O caminho construído neste capítulo, porém, não é mais que um primeiro passo para o trabalho que nos propomos nesta primeira metade da primeira parte do livro: a afirmação da experiência como elemento de percepção da realidade mais adequado ao contexto pós-moderno. Certamente os elementos pré-epistemológicos de tal projeto já foram colocados. Resta-nos ainda – e é o que buscaremos fazer no próximo capítulo – argumentar teoricamente a partir da filosofia, da fenomenologia da religião e da teologia, sobre a centralidade da experiência na tarefa da percepção da realidade, sobretudo da plena realidade que é o desvelamento do próprio real.

Para tanto percorreremos o seguinte caminho ao longo do próximo capítulo: a) afirmação de uma outra racionalidade adequada ao contexto pós-moderno: raciovitalismo; b) a experiência como constitutiva desta racionalidade na perspectiva filosófica; c) a capacidade da experiência de perceber e comunicar as expressões da religião, segundo o ponto de vista da fenomenologia da religião; d) a experiência como forma adequada para a percepção do desvelamento do real em perspectiva teológica.

Parte 2

Religião e experiência no horizonte pós-moderno. Uma nova forma de percepção da realidade

Introdução

Procuro dizer o que sinto
Sem pensar em que o sinto.
Procuro encostar as palavras à ideia
E não precisar dum corredor
Do pensamento para as palavras.
Nem sempre consigo sentir o que sei que devo sentir.
O meu pensamento só muito devagar atravessa o rio a nado
Porque lhe pesa o fato que os homens o fizeram usar.
Procuro despir-me do que aprendi,
Procuro esquecer-me do modo de lembrar que me ensinaram,
E raspar a tinta com que me pintaram os sentidos,
Desencaixotar as minhas emoções verdadeiras,
Desembrulhar-me e ser eu [...],
E assim escrevo, querendo sentir a Natureza, nem sequer como um homem,
Mas como quem sente a Natureza, e mais nada.
E assim escrevo, ora bem ora mal,
Ora acertando com o que quero dizer ora errando,
Caindo aqui, levantando-me acolá,
Mas indo sempre no meu caminho como um cego teimoso.[140]

---

140 PESSOA, Fernando. *O guardador de rebanhos XLVI*. Em: *Poesia completa de*

"Procuro despir-me do que aprendi, procuro esquecer-me do modo de lembrar que me ensinaram, e raspar a tinta com que me pintaram os sentidos". Essa metáfora da tinta que cobre o que antes era uma outra coisa é bem adequada à introdução deste capítulo onde trataremos da afirmação da experiência como canal de percepção da realidade.

Em continuidade com a discussão travada na primeira parte e, iluminados pelo poeta, podemos compreender melhor como nossa capacidade de percepção da realidade recebeu muitas "camadas de tinta" pelo pincel do racionalismo. Essas camadas como vimos anteriormente são: uma visão dualista do mundo, uma epistemologia fundacionalista e, uma concepção da verdade totalizadora expressa em metanarrativas. Cobertos por tanta tinta ganhamos tal aparência (racionalismo) que num processo ideológico de naturalização passou a ser afirmada como idêntica, portanto única, àquilo que somos e poderíamos ser.[141] Parece que a parede foi e sempre deverá ser assim!

Seguindo um pouco mais a intuição do poeta sobre as "armadilhas epistemológicas" que a razão moderna armou nas trilhas de nosso caminho existencial, podemos desdobrar a metáfora "dos sentidos cobertos por camadas de tinta". Quem mora ou conhece uma casa antiga pode compreender perfeitamente o que tal metáfora propõe: a primeira lâmina de tinta encontra-se coberta por muitas outras aplicadas ao longo do tempo. Somente se rasparmos a parede descobriremos de quantas cores ela foi coberta.

O conhecimento, enquanto teoria das relações perceptivas que o ser humano tem com o mundo, passa por esse mesmo processo – sobretudo no que diz respeito ao "como conhecer". Ao longo da história ele

---

Alberto Caeiro. São Paulo: Companhia das Letras, 2005, pp. 72-73.
141 O que buscamos evidenciar no capítulo anterior foi que pensamento cartesiano constitui-se na matriz dessa reificação da razão na modernidade.

vai ganhando sucessivas camadas de tinta e com isso se revestindo conceitualmente de significados distintos e plurais, tornando-se diferente de certo projeto pensado originalmente. A tarefa teórica de pensar o conhecimento se assemelharia ao trabalho do restaurador, que no processo de busca pela originalidade da obra arquitetônica, tem que fazer também o historiamento das muitas etapas e conjunturas históricas que as várias camadas de tinta representam. Seu labor não é, portanto, somente para chegar a mais antiga pintura, mas, também, de conhecer as outras pinturas e todos os elementos que as determinaram.

Falando objetivamente, o desafio que está colocado no processo de compreensão das teorias do conhecimento é perceber que a cada momento e ênfase epistemológica, cabe um conjunto de circunstâncias que conferem plausibilidade a certa teoria do conhecimento. Uma camada de tinta não é só uma camada de tinta. Antes é a objetivação da realidade sócio-econômico-estético-cultural da família que habita aquela casa. Uma teoria do conhecimento não é só uma teoria. É a expressão de uma corrente de pensamento diante da inacabada tarefa de dizer a realidade.

Todas as vezes, portanto, que certa "camada teórica" não estiver em consonância com o horizonte existencial concreto dos "moradores de certos lugares do mundo", ela é inadequada. "Raspar uma camada de tinta" encontra seu sentido quando permite que o "morador" perceba melhor a "parede" pela mediação da "pintura" adequada à sua história.

Há, portanto, uma inadequação da tinta colocada sobre a realidade, ou seja, uma inadequação da epistemologia racionalista com o horizonte histórico-cultural ao qual pertencemos e de onde temos que perceber e traduzir a realidade. Em suma, a ascensão da razão moderna ao *status* de suficiência encontrou seu ocaso. Isso demanda uma nova teorização acerca das formas de conhecer, que possam por sua vez inspirar outras formas de "ser-no-mundo".

Nesta segunda parte do livro queremos enfrentar o desafio de postular uma forma de percepção da realidade que nos envolve, que seja adequada ao contorno histórico-cultural da pós-modernidade. Proporemos a experiência como esta forma de percepção. Para tanto percorreremos o seguinte caminho: a experiência como elemento da racionalidade na perspectiva filosófica; a capacidade da experiência de perceber e comunicar as expressões da religião, segundo o ponto de vista da fenomenologia da religião; a experiência como forma adequada para a percepção do desvelamento do real em perspectiva teológica.

Antes, porém, de trabalhar a temática da experiência, é preciso tornar clara a compreensão de racionalidade que apresentamos como alternativa ao racionalismo moderno. Essa concepção de racionalidade que afirma a abertura ao diverso e a integração daquilo que nos constitui como homens e mulheres é o raciovitalismo.

1- Raciovitalismo como realização da proposta de uma racionalidade ampliada

Como temos proposto até aqui, o problema central do racionalismo moderno é sua expressão de uma racionalidade fechada e dualista. Fechada porque reduz a tarefa de percepção da realidade a uma só dimensão da existência humana: a razão concebida como consciência e sede do ser. Dualista porque desintegra o ser humano numa dinâmica hierarquizante, onde a mente se sobrepõe, para dominar, às demais instâncias de nosso ser. Essa desintegração impede em última análise que nos realizemos como seres complexos.

Esta temática está diretamente ligada à afirmação da chamada pós-modernidade. Na perspectiva de G. Vattimo, construída sobre a interpretação do pensamento de Nietzsche e Heidegger, a modernidade estabelece um modelo de objetividade e o torna necessário à existência e afirmação do sujeito enquanto ser. G. Vattimo afirma:

> *Pensar o ser como fundamento, e a realidade como sistema racional de causa e efeitos, é apenas uma forma de alargar a todo o ser o modelo da objetividade "científica", da mentalidade que, para poder dominar e organizar todas as coisas, as deve reduzir ao nível de puras presenças mensuráveis, manipuláveis, substituíveis – reduzindo por fim a este nível também o próprio homem. A sua interioridade, a sua historicidade.*[142]

O modelo de racionalidade construído sobre esse alargamento da objetividade científica, como denuncia G. Vattimo, cria artificial e ideologicamente uma única possibilidade legítima de "ser-no-mundo" baseada em conceitos como natureza humana, universalidade e absolutidade da verdade e, como decorrência necessária, a univocidade do discurso acerca dessa verdade. A pluralidade intrínseca à condição humana fica obnubilada por esse véu metafísico. Exatamente por isso se faz tão importante que tal véu seja rasgado "de baixo até o alto" a fim de que possamos perceber que há acessos à realidade tão múltiplos quanto esta se nos apresenta.

Para G. Vattimo, esse processo de desobnubilização, que ele identifica como desenraizamento operado pela *mass media*,[143] gera uma "libertação das diferenças, dos elementos locais, daquilo que poderíamos chamar, globalmente, o dialeto".[144] Com o mundo da comunicação generalizada explode "uma multiplicidade de racionalidades 'locais' – minorias étnicas, sexuais, religiosas, culturais ou estéticas – que tomam

---

142 VATTIMO, Gianni. *A sociedade transparente*. Lisboa: Relógio D'Água, 1992, p. 14.
143 *Ibid.*
144 *Ibid.*

a palavra, finalmente já não silenciadas e reprimidas pela ideia de que só exista uma única forma de verdadeira humanidade a realizar".[145]

A reação mais comum a tal forma de concepção da realidade, que afirma a pluralidade como valor – inclusive como valor epistemológico –, é a acusação do inevitável caos a que a falta de regras conduziria a humanidade. Ataques nesse sentido vêm tanto de ambientes intelectuais laicos, quanto, principalmente, de foros religiosos.[146] Acerca destas reações G. Vattimo escreve:

> *Este processo de libertação das diferenças, diga-se de passagem, não é necessariamente o abandono de todas as regras, a manifestação informe da demarcação: também os dialetos têm uma gramática e uma sintaxe, mas só quando conquistam dignidade e visibilidade descobrem a sua própria gramática. A libertação das diversidades é um ato com que elas "tomam a palavra", se apresentam, se "põem em forma" de modo a poderem tornar-se reconhecidas; de modo algum uma manifestação bruta de imediato.[147]*

Não estamos falando, portanto, de nenhum tipo de irracionalismo ou barbárie, antes de perceber as racionalidades constituintes

---

145 *Ibid.*, 15.

146 Numa recente reflexão sobre a validade do *pensiero debole* para os nossos dias, G. Vattimo discute os posicionamentos antiplurais laicos e religiosos. Como exemplo ele cita dois personagens centrais dessas discussões na Europa: Jürgen Habermas e Joseph Ratzinger. VATTIMO, Gianni. *O que está vivo e o que está morto no pensamento fraco*. In PECORARO, Rossano & ENGELMANN, Jaqueline (orgs.). *Filosofia contemporânea. Niilismo. Política. Estética.* Rio de Janeiro: Editora PUC-Rio, São Paulo: Loyola, 2008, pp. 10-11.

147 VATTIMO, Gianni. *A sociedade transparente.* p. 15.

dos inúmeros "dialetos" que representam o mosaico cultural de nosso mundo contemporâneo. Essa é propriamente a experiência de uma racionalidade aberta à complexidade da realidade. Enfim, não é possível mais sustentar uma concepção de razão que afirme a identidade entre discurso e realidade: a realidade é sempre maior que o discurso.

O avanço mais notório que tal posição acerca da emancipação das diferenças e dos "dialetos" nos comunica, diz respeito à superação da forma de "ser-no-mundo" construída sobre o princípio exclusivo da razão moderna, forma esta que até então viu como valor a univocidade subjacente ao dogmatismo de discursos laicos e religiosos. Sobre esse avanço G. Vattimo comenta:

> *Se falo o meu dialeto, finalmente, num mundo de dialetos entre outros, se professo o meu sistema de valores – religiosos, estéticos, políticos, étnicos – neste mundo de culturas plurais, terei também uma consciência intensa da historicidade, contingência, limitação, de todos estes sistemas, a começar do meu.*[148]

Encarar a tarefa da racionalidade nesses termos é descer ao chão concreto da existência e assumi-lo como o único lugar possível onde podemos viver e a partir de onde podemos perceber a realidade, não em perspectiva última e definitiva, mas tal como ela se nos revela e nós nos revelamos a ela. Esse difícil, mas necessário caminho do universal abstrato ao local concreto, nos lança à topografia onde se pode realizar uma racionalidade aberta e integradora: a vida. É exatamente nesse sentido que falamos de raciovitalismo.

---

148 *Ibid.*

"Submeter a razão ao teste da plasticidade do que é vivo".[149] Nesta frase do sociólogo francês Michel Maffesoli está colocada a principal questão do raciovitalismo:[150] aceitar a dinâmica da vida como constitutiva da razão humana. Do axioma "penso logo existo" à concepção vitalista "penso porque existo". A existência precede todo axioma, mais, é nela que eles são gerados, mesmo que depois se voltem contra ela tentando suprimir sua densidade e complexidade.

No exercício de "submeter a razão ao teste da plasticidade do que é vivo" surge uma racionalidade transpassada pela vida em todas as suas dimensões, uma racionalidade capaz de integrar intelecto, afeto, sensibilidade, intuição. Uma racionalidade aberta ao novo que é próprio da dinamicidade dos seres vivos.

Está claro que essa perspectiva colocada por M. Maffesoli afirma-se criticamente diante da compreensão de razão que dominou o ocidente ao longo da modernidade. É verdade também que essa crítica à razão moderna tornou-se espaço comum, às vezes não comunicando mais do que simples esforço retórico destituído de consequências prático-epistemológicas. No caso deste autor essa crítica pueril não se reproduz. M. Maffesoli enceta o elemento da razão moderna que condena a relevância de seu próprio desenvolvimento e permanência:

---

149 MAFFESOLI, Michel, *O ritmo da vida: variações sobre o imaginário pós-moderno*. Rio de Janeiro: Record, 2007, p. 28.

150 Esta expressão foi originalmente utilizada por José Ortega y Gasset no contexto de um cristianismo secularizado que marcou seu pensamento. SAVIGNANO, Armando. *José Ortega y Gasset. Cristianismo secularizado.* In PENZO, Giorgio & GIBELLINI, Rosino. *Deus na filosofia do século XX*. São Paulo: Loyola, 1998, pp. 229-239. Porém, utilizaremos o conceito de raciovitalismo como se apresenta no pensamento do sociólogo francês Michel Maffesoli, que é professor na Universidade de Sorbonne Paris V.

o distanciamento da razão em relação à efervescência da vida e suas novas demandas.

É essencialmente isto que pode ser criticado no racionalismo abstrato, em seu poder de discriminação: sua capacidade de reconhecer o potente vitalismo que move, em profundidade, toda vida social. É certamente por isso, igualmente, que um fosso cada vez mais intransponível se abriu entre a *intelligentsia,* sob seus diversos aspectos [...] e a base social que não mais se reconhece neles.[151]

A questão fundamental é, portanto, a dissociação entre razão e vida. A proposta de M. Maffesoli diante de tal ruptura é que a razão encontre no vitalismo seu lugar de realização e crítica. Paradoxalmente isso significa que a razão deve realizar-se na empiria que por ela foi tão criticada ao longo da modernidade.[152] "Assim, a tarefa que nos cabe é bem a de voltar a essa vida vivida ou mais próxima, a essa empiria; para retomar uma expressão da fenomenologia, 'à própria coisa' ".[153]

O vitalismo assumido como lugar de realização da razão opera uma ruptura epistemológica com relação à razão abstrata. Essa ruptura significa "saber romper com uma postura intelectual [...] que busca sempre uma razão (uma Razão) impositiva para além daquilo que convida a ser visto e a ser vivido. É preciso retornar, com humildade, à matéria humana, à vida de todos os dias".[154] Tal razão vitalista não se constitui numa razão *a priori,* antes numa compreensão *a posteriori*[155] "que se

---

151 MAFFESOLI, Michel. *Elogio da razão sensível.* 3ª edição. Petrópolis: Vozes, 2005. p. 45.

152 *Ibid.*, p. 46.

153 *Ibid.*

154 *Ibid.*, pp. 46-47.

155 *Ibid.*, p. 47.

apoie sobre uma descrição rigorosa feita de convivência e de empatia (*Einfühlung*)".[156]

Antes, porém, de prosseguirmos no aprofundamento dessa razão vitalista – raciovitalisno –, é necessário precisar um pouco mais a categoria vitalismo tal qual é utilizada por M. Maffesoli. No início do quinto capítulo (Organicidade das coisas) da obra *O instante eterno*, M. Maffesoli situa o vitalismo de forma surpreendente por seu caráter simples e, por que não, óbvio. Ele afirma:

> *É necessário continuar desafiando essas coisas simples que são o fundamento da vida. Demasiadamente simples, talvez. Demasiadamente evidentes para nossas mentes desconfiadas, sempre preocupadas com múltiplos "transmundos" que têm marcado a tradição ocidental. E, no entanto, a vida está aí. É vivida. Falta, pois, saber expressá-la.*[157]

É a afirmação dessa vida "que está aí" que constitui o vitalismo. Fazendo um retorno à densidade da expressão "pensar", M. Maffesoli reconduz a vida ao centro da atividade racional. Ele afirma:

> *Pensar, não esqueçamos, remete ao pensare latino: ao mesmo tempo "julgar" e "pesar". Privilegiamos o "julgar", com a perspectiva judicativa e normativa que conhecemos, e esquecemos o "pesar". Pesar o que no ser humano é denso, terreno. Levar em conta o pesadume da vida, seu peso, talvez seja isso mesmo o que permitirá apreciá-la: saber lhe dar o seu justo valor.*[158]

---

156 Ibid.
157 MAFFESOLI, Michel. *O instante eterno. O retorno do trágico nas sociedades pós-modernas.* São Paulo: Zouk, 2003, p. 135.
158 Ibid., p. 135.

Nesta afirmação M. Maffesoli faz ao mesmo tempo uma crítica e uma proposta. Ele denuncia o estreitamento da razão judicativa e propõe a integração da atividade racional à dinâmica da vida. Ou seja, para M. Maffesoli, no vitalismo "o ser não se reduz ao pensamento".[159] Antes, o vitalismo requer inteireza do homem.[160]

> *Seus respiros e suspiros. Seu ventre também. Não há intencionalidade, reconhecida ou não, sem uma espécie de gozo do mundo tal como é, com suas obrigações, suas limitações, seus arraigamentos, sem esquecer suas aberturas, suas tomadas de perspectivas e suas múltiplas eflorescências multicoloridas.*[161]

Inteireza, essa é a palavra de ordem. O vitalismo, porque assume a vida concreta com todas as suas nuances, encontra-se na dinâmica da *coincidentia oppositorum*.[162] E, porque faz as pazes com o terreno movediço da realidade, a razão pode reaproximar-se do *amor mundi* que durante muito tempo ficou restrito aos poetas malditos e filósofos sonhadores.[163] O vitalismo em sua afirmação do *amor mundi* coloca a razão diante do princípio da sensibilidade, tornando-a uma razão sensível.

A um mundo sensível deve corresponder um saber que saiba dar conta dele: Uma "razão sensível". Não é nada novo. O pedestal de diversos pensamentos orientais é dessa ordem. O mesmo ocorre, em nosso orbe cultural, com esse *gaio saber* que serviu de fundamento à grande civilização occitânica. Permite aos "trovadores" demonstrar engenhosidade,

---

159 *Ibid.*, p. 137.
160 *Ibid.*
161 *Ibid.*
162 *Ibid.*
163 *Ibid.*, p. 141.

invenção, imaginação para celebrar um mundo em que reina a *convivência* dos homens, entre si, e desses com a natureza.[164]

O vitalismo pode nos ajudar a pensar a experiência do viver. Seu fundamento é uma grande confiança na vida, "em seus equilíbrios reguladores, seus ajustes sucessivos, a aceitação dos excessos; em suma, essas anomias que prefiguram a ordem do amanhã".[165] Como vemos não há nesse pensamento nenhum apelo ao irracionalismo, antes, o acento numa outra racionalidade capaz de conjugar as tramas da intrincada existência humana e suas múltiplas relações. Nas palavras do próprio M. Maffesoli:

> *Isso certamente não é, como é frequente classificar, irracional. Digamos que expressa a modalidade do humano que não podemos encerrar no que foi o racionalismo instrumental moderno, trata-se, antes, de um "não-racional" que inclui os afetos, os sentimentos, as emoções. Digo, de minha parte, "razão sensível", próxima nesse sentido de um raciovitalismo que consiste, para retomar uma proposição de Dilthey, em "compreender a vida a partir de si mesma".[166]*

Após esta discussão sobre vitalismo podemos retomar o aprofundamento da perspectiva de racionalidade que tem nele sua base: o raciovitalismo. Em seu livro *Elogio da razão sensível*, M. Maffesoli dedica o primeiro capítulo da seção intitulada "A razão interna" para expor detidamente sua compreensão sobre tal categoria.[167] Logo na introdução ele a identifica a

---

164 *Ibid.*, p. 141.

165 *Ibid.*, p. 144.

166 *Ibid.*, p. 146.

167 MAFFESOLI, Michel. *Elogio da razão sensível*. 3ª edição. Petrópolis: Vozes, 2005, pp. 53-64.

uma razão sensível. Sensível ao "afeto, ao emocional, ao afetivo, coisas que são da ordem da paixão".[168] Estas dimensões da vida humana que ao longo da modernidade foram confinadas à vida privada, agora são integradas e utilizadas para a formulação de uma epistemologia.[169]

A ascensão desses elementos puramente mundanos ao *status* epistemológico alarga o conceito de racionalidade posto no âmbito da modernidade. Alargamento que faz com que a racionalidade se mova em direção ao chão concreto da vida, ocorrendo dessa forma uma mútua iluminação entre razão e vida. Isto é, de verdade, uma expansão da consciência que o homem tem de si e de suas múltiplas relações. Nas palavras de M. Maffesoli:

> *Assim, através da iluminação ou do alargamento da consciência, é a vida em sua integralidade que se leva em conta. Para retomar uma expressão de Schelling, assim se pode pôr em prática uma "ciência criativa" que permita estabelecer um vínculo entre a natureza e a arte, o conceito e a forma, o corpo e a alma. O que acentua tal vínculo é a vida. A vida enquanto força pura, enquanto expressão de uma natureza exprimindo-se em uma forma.*[170]

O raciovitalismo é, portanto, uma racionalidade mais ampla,[171] portadora de uma "flexibilidade inventiva",[172] ao mesmo tempo detentora de certa audácia e, consciente de ser "precária, aleatória, submissa ao

---

168   *Ibid.*, p. 53.
169   *Ibid.*
170   *Ibid.*, p. 55.
171   *Ibid.*, p. 56.
172   *Ibid.*, p. 56.

instante".¹⁷³ M. Maffesoli defende que o raciovitalismo possui uma organicidade em seu sistema que pode superar a racionalidade funcional característica da modernidade e sua ênfase na técnica. Essa organicidade mostra-se capaz de integrar epistemologicamente o múltiplo, para então poder compreendê-lo sem a utilização do recurso da unidimensionalidade racional moderna.¹⁷⁴ Partindo do múltiplo, este não se torna um desafio à verdade, antes, uma decorrência necessária. M. Maffesoli afirma:

> *Em uma concepção tal, a História, com seu passo decidido, cede lugar aos eventos pontuais, efêmeros, àqueles momentos carregados de intensidade que vivemos juntamente com outros no âmbito de um tempo mítico. Isso requer que se ponha em ação uma outra lógica, diferente daquela à qual estávamos habituados.*¹⁷⁵

Esta é uma das mais significativas características do raciovitalismo: ele pressupõe uma "racionalidade de fundo que se exprime em pequenas razões momentâneas".¹⁷⁶ Há aqui uma enorme afinidade com o pensamento de G. Vattimo quanto ao que ele identificou como "libertação das diferenças ou dos dialetos". Lidar com "razões momentâneas", ou "libertar dialetos", consiste em perceber a razão interna de todas as coisas.¹⁷⁷ Das coisas que não são outras, senão aquelas que constituem a vida mesma. Isso pode nos levar a "não negligenciar nada naquilo que nos cerca, neste mundo, no qual estamos e que é, ao mesmo tempo, sentimento e razão".¹⁷⁸

---

173 *Ibid.*

174 *Ibid.*, p. 57.

175 *Ibid.*, p. 57.

176 *Ibid.*, p. 58.

177 MAFFESOLI, Michel. Op. cit., p. 58.

178 *Ibid.*, p. 59.

Fazendo uma espécie de síntese conceitual de sua epistemologia, M. Maffesoli afirma o seguinte sobre o raciovitalismo:

> *Na perspectiva epistemológica que é a minha aqui, pode-se extrair, de tudo isso, que **existe uma estreita ligação entre um conceito** – que caracterize um povo, uma civilização, uma comunidade específica – **e a vida que o exprime**. É isso que podemos chamar de raciovitalismo. O que quer dizer que uma entidade, seja ela qual for, encontra sua razão de ser em si mesma, é causa e efeito de si mesma, é o seu próprio fundamento (Grund).*[179]

Diante de tão clara síntese conceitual é evidente que o raciovitalismo se constitui num deslocamento epistemológico em relação ao racionalismo moderno. Tal deslocamento encontra sua justificação e legitimidade na opção pela integralidade da vida como espaço de racionalidade, em contraposição à opção da razão moderna pelo acento unidimensional de sua compreensão de racionalidade na mente humana.

O raciovitalismo, portanto, assume uma perspectiva epistemológica claramente estabelecida sobre o deslocamento do dualismo da razão moderna, ao holismo da racionalidade pós-moderna. Segundo M. Maffesoli: "Numa palavra, por oposição à simples mecanicidade do racionalismo, é preciso também buscar a racionalidade orgânica de uma dada estrutura. É a busca de tal organicidade que faz a especificidade da situação pós-moderna".[180]

"Buscar uma racionalidade orgânica". Esta é a tarefa que estamos nos propondo até aqui. Essa racionalidade nós assumimos como raciovitalismo.

---

179 *Ibid.*, p. 63, grifo do autor.

180 *Ibid.*, p. 64.

Fazemos isso exatamente porque compreendemos que o racionalismo é "particularmente inapto para perceber, ainda mais apreender, o aspecto denso, imagético, simbólico, da experiência vivida".[181]

Assumir tal tarefa conduz-nos a uma abertura a outras formas de perceber a realidade para além da simples e reducionista racionalização objetivante das coisas. No escopo de nossa tese elegemos a experiência como essa forma mais adequada para perceber a realidade num contexto pós-moderno.

Uma racionalidade orgânica – aberta e integradora –, como expressão de uma razão ampliada, deve estabelecer uma relação consequente no processo de conhecimento. Consequente, sobretudo, porque seu pressuposto é que "existe uma estreita ligação entre um conceito e a vida que o exprime".[182] O holismo dessa racionalidade exige uma aproximação que o leve em conta ao longo de todo o desenvolvimento epistemológico, bem como de sua expressão prática. Está claro que a relação sujeito/objeto como propôs o *cogito* cartesiano não dá conta desse holismo, dessa complexidade da realidade. É neste sentido que queremos propor a experiência como forma de percepção capaz de articular e comunicar um saber que leve em conta a inteireza da vida no conhecimento da realidade.

---

181 *Ibid.*, p. 27.
182 *Ibid.*, p. 63.

2 - Experiência e realidade: a perspectiva da Filosofia

A relação sujeito/objeto da qual tratamos anteriormente[183] pode agora ser retomada em outro nível. Pensamos já estar suficientemente claro que a crítica feita à relação sujeito/objeto só pode ser entendida em toda sua dimensão e profundidade na perspectiva do *cogito* cartesiano. Ou seja, é no âmbito desse momento específico da filosofia que se pode perceber o profundo dualismo entre sujeito e objeto, conferindo ao primeiro *status* de *res cogitans* e, ao segundo a inferior condição de *res extensa*.

Não obstante, é necessário perceber também que essa característica do pensamento cartesiano se estendeu ao longo dos séculos seguintes como uma epistemologia subjacente à metodologia científica que predominou – predomina? – ao longo da modernidade. Exatamente por isso, quando fazemos a crítica a tal perspectiva do pensamento cartesiano, fazemo-la ao mesmo tempo à epistemologia dela decorrente.

Dito isso é necessário falar imediatamente que a relação sujeito/objeto encontra outras formas de se realizar que não somente a forma cartesiana. É claro que a relação entre o pensante e o pensado estabelece o dístico sujeito/objeto, porém isso não significa a necessidade de que este dístico se constitua numa hierarquia epistemológica que exija a

---

183 Discutimos criticamente a relação sujeito/objeto, como foi propugnada pelo pensamento cartesiano e perpetuada no método científico constituído sobre o racionalismo moderno, ao longo do tópico 1.3.1 – Rejeição da visão dualista do mundo – do primeiro capítulo. Destacamos ali, sobretudo o estabelecimento de uma hierarquia epistemológica onde o sujeito afasta-se de tal forma do objeto que acaba por se tornar um ser autossuficiente que vê no mundo dos objetos uma oportunidade para sua máxima satisfação, nem que para isso ele tenha que empreender um conjunto de procedimentos depredatórios.

operação da mente como única forma de percepção da realidade (racionalismo) presente no mundo dos objetos ou dos fenômenos.

Todo conhecimento nasce de uma relação entre sujeito que ativamente busca o conhecimento e o objeto que deve ser conhecido. Do relacionamento recíproco desses dois polos (o polo subjetivo - o sujeito -, e o polo objetivo - o objeto) surge a capacidade humana de tematizar a realidade. A experiência é um meio para esta tematização, uma forma de conhecimento muito primitivo, o mais primitivo, ou seja, original, primigênio.[184] É por ele que se inaugura o conhecimento.

No sentido de aprofundarmos a compreensão desse difícil conceito que é a experiência,[185] vamos fazer um caminho que vai da exposição sistemática própria dos dicionários (dicionários etimológicos e de filosofia geral), até as discussões mais densas de alguns autores que se debruçaram sobre tal conceito para refleti-lo em momentos diferentes da história da filosofia.

O acesso mais comum ao significado dos conceitos expressos nas palavras é o dicionário, não obstante a limitação que as expressões dicionarizadas têm no sentido de apresentar certa interpretação fixada em momento determinado.[186] Exatamente para perceber como as expressões

---

184 Marcelo Fernandes Aquino trata dessa característica do conhecimento a partir da experiência nos números 47 e 50 da Revista Síntese (1989, pp. 29-50; 1990, pp. 31-54, respectivamente), onde faz um resumo do pensamento de H. C. Lima Vaz.

185 Nessa temática merece destaque o clássico estudo de J. Mouroux sobre a questão da experiência visto do ponto de vista do cristianismo em amplo debate com a filosofia. MOUROUX, J. *L'esperienza cristiana.* Brescia: Morcelliana, 1956.

186 Embora nos dicionários – sobretudo naqueles que abordam as palavras na perspectiva etimológica - encontremos sintética e sistematicamente a exposição daquilo que seria o significado de determinada coisa, um aspecto não evidente nem

passam a conter certos conteúdos – tornando-se assim conceitos –, é que citamos em primeiro lugar as acepções de experiência de um dicionário etimológico:

(lat. *Experientia*) 1. Ato ou efeito de experimentar. 2. Conhecimento adquirido pela prática ou observação. 3. Habilidade, perícia, prática. 4. No estudo de um fenômeno natural ou provocado, ensaio que tem por objetivo, verificar uma hipótese ou induzi-la a partir da observação; investigação científica, experimento, experimentação.[187]

As quatro acepções apresentadas, para dizer o significado de experiência, são derivadas ou do chamado senso comum (ato de experimentar algo que poderia ser uma fruta, ou uma camisa), ou da aporia teórica entre racionalismo e empirismo (neste segundo caso as acepções de experiência representam o empirismo em sua afirmação de que todo o conhecimento é eminentemente sensitivo).

Da perspectiva dicionarizada como é apresentada a experiência, podemos depreender duas conclusões provisórias: em primeiro lugar,

---

tão pouco enunciado, deve ser esclarecido: a importância do entorno daquele conceito, o contexto que o fez ser como se apresenta. Um conceito dicionarizado é como uma fotografia que capta algo que é como é dentro de determinado espaço. E ainda, capta algo dentro de um corte do tempo. Mudando o espaço determinado e o tempo próprio teríamos outra fotografia. O que um dicionário apresenta, portanto, é uma compreensão de determinada palavra fixada em um tempo e espaço próprios. Dessa forma surge a definição de algo, que já em sua semântica revela sua tarefa: estabelecer as linhas limítrofes, demarcar, fixar.

187 *Dicionário de língua portuguesa Larrouse Cultural*, verbete Experiência. São Paulo: Nova Cultural, 1992, p. 485.

como coisa do senso comum a experiência é destituída de toda sua possibilidade epistemológica. Em outras palavras, experiência é coisa de quem não usa a razão.[188] Em segundo lugar, a experiência fica restringida ao empirismo, sendo, desta forma considerada irracional pelo racionalismo, devendo se estribar unicamente na dimensão sensitiva. Neste último caso a experiência não é esvaziada de suas possibilidades epistemológicas, porém, a epistemologia que dela surge é profundamente dualista, da mesma maneira que o racionalismo cartesiano o é, só que em perspectiva oposta.

Embora o tema da experiência tal como é concebido no âmbito do senso comum seja um importante campo de pesquisa, nossa reflexão se restringe à dimensão aporética que as acepções acerca da experiência revelam mesmo que indiretamente. Fazemos isso não para aprofundar tal aporia, mas para buscar superá-la e, dessa forma, evidenciar que a experiência, como forma de conhecimento da realidade, não é restrita a certas dimensões do humano em sua existência no mundo – interioridade e exterioridade –, mas é um exercício desse humano em sua inteireza.

Avançando da exposição do dicionário etimológico às acepções histórico-filosóficas próprias dos dicionários de filosofia, queremos ainda ampliar um pouco mais a compreensão do que seja experiência no âmbito geral e, portanto, superficial como se nos apresentam tal tipo de literatura. Neste sentido vale a pena notar como Walter Brugger conceitua a experiência. Numa primeira aproximação ele afirma:

---

188 Para aprofundar o desprestígio que a ciência confere ao senso comum ver: ALVES, Rubem. *Filosofia da ciência. Introdução ao jogo e as suas regras.* 2 edição. São Paulo: Loyola, 2000. pp. 9-38.

> *Em linguagem corrente, experiência designa, de ordinário, o conhecimento obtido pelo convívio reiterado com homens e coisas, em oposição ao saber adquirido nos livros. A acepção filosófica é mais vasta. Segundo ela, experiência denota geralmente toda percepção simples produzida por uma impressão externa. Como esta só é naturalmente possível mediante a ação de corpos exteriores sobre os órgãos sensoriais, a experiência, em sentido próprio, é característica da alma unida ao corpo, o que não quer dizer que seja necessariamente algo de pura natureza sensível.*[189]

Já é possível perceber a problematização que, do ponto de vista filosófico, é apresentada por W. Brugger: a experiência opera uma união da alma com o corpo no ato do conhecimento e, enquanto ação epistemológica não depende de pura natureza sensível. Esta segunda característica fica ainda mais clara quando ele afirma: "Nossa experiência humana é, portanto, de natureza sensitivo-intelectual".[190] Corpo e alma (mente), razão e sentidos. Assim a insistente aporia racionalismo x empirismo pode ser superada, ou por hora, bastante minorada.

No sentido de dar conta da complexidade que a experiência coloca à reflexão filosófica, W. Brugger faz a seguinte observação:

> *Distinguimos entre experiência externa e experiência interna. Experiência externa significa percepção de objetos e processos corpóreos mediante os sentidos externos; experiência interna designa viver conscientemente os estados e operações internas próprias.*[191]

Esta distinção, porém, é, sobretudo, para fins didáticos. Ou seja, ela busca explicitar a complexidade da experiência. Fundamental, no

---

189 BRUGGER, Walter. *Dicionário de Filosofia*. São Paulo: Herder, 1962, p. 226.
190 *Ibid.*, p. 227.
191 *Ibid.*

entanto, é ressaltar que externo e interno compõe o ato cognitivo operado na experiência.

Ainda numa perspectiva histórico-filosófica, Nicola Abbagnano constrói uma densa reflexão sobre experiência num longo verbete de seu dicionário.[192] Ele abre o verbete da mesma forma que W. Brugger, mostrando dois significados que a experiência pode ter no escopo da filosofia, sobretudo, enfocando o período clássico da filosofia grega e a filosofia moderna.[193] No entanto, merece destaque a reflexão que N. Abbagnano faz sobre a teoria da experiência como intuição[194]. Ele afirma:

> *A teoria da experiência como intuição considera a experiência como o relacionar-se imediato com o objeto individual, usando como modelo da experiência o sentido da visão. Desse ponto de vista um objeto "conhecido por experiência" é presente em pessoa e na sua individualidade [...] a experiência, que é "o princípio da arte e da ciência", é o conhecimento intuitivo perfeito que tem por objeto as coisas presentes.*[195]

Experiência como um relacionar-se com aquilo que está presente. Relação e presença são duas características importantes para nossa compreensão da experiência como forma de percepção da realidade na cultura pós-moderna. Aproximando as proposições de W. Brugger e N. Abbagnano podemos construir uma boa moldura para a tela (experiência) que estamos pintando. Para o primeiro "1) a experiência

---

192 ABBAGNANO, Nicola. *Dicionário de Filosofia*. São Paulo: Companhia das Letras, 2003. Verbete Experiência, pp. 406-411.

193 *Ibid.*, p. 406.

194 *Ibid.*, p. 408.

195 *Ibid.*, p. 408.

opera uma união da alma com o corpo no ato do conhecimento e, 2) enquanto ação epistemológica não depende de pura natureza sensível", para o segundo "3) a experiência é um relacionar-se, 4) com aquilo que está presente".

Interpretando essas proposições diríamos que a experiência como forma adequada de percepção da realidade tem as seguintes características: 1) é uma alternativa ao dualismo mente/corpo; 2) possibilita a superação da aporia racionalismo/empirismo; 3) afirma a relacionalidade no processo de conhecimento; 4) parte do chão concreto da existência, "daquilo que está presente", para a construção de sua epistemologia. Estas características estão em sintonia com a racionalidade ampliada que identificamos como raciovitalismo.

Uma confrontação sujeito/objeto que leve em consideração as características acima mencionadas possibilita o caminho a uma fonte de conhecimento. Esse caminho se faz numa percepção simples e imediata do objeto que afeta o sujeito e provoca nele um conhecimento fundado na evidência. Implica de modo vital a participação do ser humano em sua inteireza: corpo, alma, inteligência, memória, razão, consciência, vontade, sentimento, sentidos, imaginação... Vive-se pela pessoa o que se presencia e, depois, por ela se expressa o que se viveu.

Avançando das definições dicionarizadas acerca da experiência, para uma reflexão mais aprofundada desenvolvida por filósofos que se debruçaram sobre tal temática, partimos do pensamento de Henrique C. de Lima Vaz. Em sua obra *Escritos de filosofia. Problemas de fronteira*,[196] Lima Vaz enfrenta a temática da experiência do ponto de vista filosófico, mas como um "problema de fronteira" na relação com a teologia. Dentro do

---

196 VAZ, Henrique C. de Lima. *Escritos de filosofia. Problemas de fronteira*. São Paulo: Loyola, 1986.

capítulo XI desta obra (A linguagem da experiência de Deus)[197] o autor se dedica a desdobrar com "suficiente rigor a noção de experiência"[198] e a ambiguidade[199] intrínseca a ela.

Aplicando o rigor de sua reflexão, característica notória de seu pensamento, Lima Vaz propõe a remoção de um equívoco que se tornou lugar comum no trato do tema da experiência. Ele afirma:

> *A oposição entre experiência e pensamento é o primeiro falso lugar--comum que convém remover. Uma tradição que corre paralela, seja na inspiração sensista, seja na inspiração intelectualista, costuma estabelecer entre experiência e pensamento ou entre o experimental e teórico uma oposição fictícia. [...] Oposição comumente admitida, mas que é necessário superar. Com efeito a experiência não é senão a face do pensamento que se volta para a presença do objeto.*[200]

Essa imagem da experiência como "a face do pensamento" dá conta de sugerir a complexidade da atividade intelectual que a aporia racionalismo/empirismo não percebe, ou não valoriza. A peculiaridade dessa face do pensamento é que ela se volta à presença do objeto. Negando-se a modelos demasiadamente abstrativos a experiência busca a presença, àquela realidade desvelada, por isso concreta. À realidade mesma e irredutível que abriga o "ser-no-mundo".

Essa relação da "face do pensamento" com a "presença do objeto" estabelece uma proporcionalidade "entre a plenitude da presença e a profundidade da experiência, ou seja, a penetração dessa plenitude

---

197   *Ibid.*, pp. 241-258.
198   *Ibid.*, p. 243.
199   *Ibid.*, p. 246.
200   *Ibid.*, p. 243.

pelo ato de pensar".²⁰¹ O grau de percepção da presença do objeto está, portanto, ligado a quanto a face do pensamento se mostra sabedora de suas possibilidades. A experiência deve ser afirmada como forma de percepção da realidade e compreender-se como tal, assumindo sua peculiaridade – estar diante de uma presença – sem reduzir-se a intelectualismos e ou sensismos. Para tanto cabe ainda esclarecer um pouco mais os contornos da experiência:

> *É necessário, pois, distinguir a experiência, no sentido estrito, de outros atos psíquicos que lhe podem ser antecedentes, concomitantes ou consequentes, mas não pertencem de direito à sua estrutura. Assim, por exemplo, o sentimento de presença que acompanha a percepção de um objeto exterior, a emoção ou vivência que nascem desse sentimento. O conceito de experiência deve ser rigorosamente circunscrito em termos de conhecimento intelectual, embora sua significação plena somente se alcance quando a experiência é referida ao movimento total da vida do espírito.²⁰²*

A experiência não pode se reduzir ao sentimento que dela deriva acerca de uma presença, mas não pode prescindir desse sentimento e seus derivados como movimento fundante de uma forma de "ser-no-mundo". Lima Vaz em seu rigor epistemológico, aplicado no sentido de perceber a necessária distinção das operações primárias da experiência como forma de conhecimento, nos ajuda a não incorrermos em dualismos pela não compreensão estrita e adequada da experiência frente à realidade.

Se não estiver claro o que é a experiência frente à realidade, bem como o que seja a sua peculiaridade epistêmica, poderemos tomá-la

---

201 *Ibid.*
202 *Ibid.*

reduzindo-a a um ato psíquico – sentimento –, coisa que estabeleceria uma falsa impossibilidade da experiência afirmar-se com toda sua capacidade epistemológica. Lima Vaz aprofunda os traços constitutivos da experiência chamando atenção para dois aspectos. O primeiro deles diz respeito à relação entre consciência e fenômeno.

Em primeiro lugar, convém acentuar que a experiência como conhecimento em geral, é uma forma de relação *ativa* entre a consciência e o fenômeno. A presença que se manifesta na experiência não ocupa a consciência como um objeto que invade um espaço vazio. Manifestar-se à consciência significa manifestar-se segundo leis estruturais da consciência mesma, que tornam possível a manifestação como tal. Eis porque não há experiência sem uma forma de *expressão* do objeto pelo sujeito da experiência.[203]

Em função de a experiência – como saber diante de uma presença – depender para sua realização, de certa forma, de expressão que o sujeito evidencia acerca do objeto, surge o segundo aspecto trabalhado por Lima Vaz: a pluralidade das formas de expressão da experiência.

> *Mas essa pluralidade supõe o ato original e constitutivo da expressão mesma. Expressão ativa, ou seja, acolhimento da manifestação do objeto ao sujeito que o interioriza, assume a sua presença e, de certo modo, com ele se identifica.*[204]

Presença e expressão se relacionam necessariamente no desenvolvimento da experiência como epistemologia. Acerca disso Lima Vaz afirma: "Presença e expressão se diversificam e a experiência obedece a essa diversificação. No entanto, podemos estabelecer, desde já, que toda

---

203 *Ibid.*, p. 244.

204 *Ibid.*

experiência verdadeiramente deve encontrar sua expressão, ou seja, sua *linguagem;* e que toda expressão ou linguagem da experiência traduz uma presença.[205]

Nesse momento alcançamos um ponto maduro de nossa compreensão sobre experiência: "toda forma de experiência corresponde à forma de expressão ou linguagem de uma presença".[206] A experiência comunica a percepção de certa presença através de uma expressão. Por isso ela é uma epistemologia, mas não qualquer epistemologia, senão uma epistemologia do concreto, do existencialmente verdadeiro, da presença do objeto.

Há, portanto, uma peculiaridade na constituição epistemológica que é própria da experiência: o estar diante da presença, diante do que é existencialmente presente. Isso marca inexoravelmente a expressão de tal epistemologia. A experiência se expressa de tal forma a comunicar adequadamente a concretude da presença, não conceitos ou categorias abstratas e universais. A linguagem derivada da experiência enquanto forma de percepção da realidade recebe seus contornos e limites das delimitações da própria presença.

Essa delimitação da presença é propriamente sua forma de desvelamento. Sobre essa questão Lima Vaz propõe três modos fundamentais de presença ou desvelamento onde o ser se dá ao nosso pensar:[207] "a presença das coisas, a presença do outro, a presença de nós a nós mesmos. Ou ainda, dando aos termos sujeito e objeto uma acepção técnica: a experiência objetiva, a experiência intersubjetiva, a experiência subjetiva".[208]

---

205 *Ibid.*, p. 245.
206 *Ibid.*
207 *Ibid.*, p. 245.
208 *Ibid.*, p. 245.

A realidade se desvela, portanto, de forma tríplice, reclamando do ser humano mais que uma simples e unidimensional perspectiva do conhecimento, seja a razão ou a empiria. Diante da complexidade da presença reveladora da realidade é necessária uma epistemologia igualmente complexa e multidimensional capaz de articular uma linguagem ou expressão adequada e esta complexidade e multidimensionalidade.

É verdade que esses três círculos da experiência e da linguagem (coisas, outro, eu) se interpenetram, mas encerram inexoravelmente o homem num único espaço tridimensional de presença ou numa tríplice dimensão da linguagem: a linguagem das coisas, a do outro e a do eu.[209]

O que já é possível depreender das contribuições de Lima Vaz à constituição da experiência como epistemologia são principalmente as seguintes questões: 1) a falsa oposição entre experiência e pensamento; 2) a experiência como face do pensamento que se volta para a *presença* do objeto; 3) a articulação entre experiência e seus derivados – sentimentos, emoções e sentidos; 4) a experiência como forma *ativa* de relação entre a consciência e o fenômeno; 5) a pluralidade das formas de expressão – linguagem – da experiência; 6) e, os modos fundamentais de presença ou desvelamento onde o ser se dá ao nosso pensar – coisas, outro, eu.

Essas características que constituem a experiência como forma de percepção da realidade, devido ao seu caráter de concretude ou focalização em uma presença (das coisas, do outro ou do eu), tornam-se numa epistemologia que não pode reduzir-se à mera abstração especulativa. Antes, tal epistemologia apresenta-se como um caminho, uma forma de "ser-no-mundo". Nas palavras de Lima Vaz: "esse caminho da experiência é, num certo sentido, o próprio caminho da linguagem

---

209 *Ibid.*

como caminho do homem no mundo. É o mundo mesmo do homem. Fora dele reina apenas o silêncio das coisas".[210]

Articulando ao pensamento de Lima Vaz, no sentido de precisar filosoficamente os contornos da experiência como epistemologia, passamos a expor a reflexão de Leonardo Boff. Em sua obra *Experimentar Deus. A transparência de todas as coisas*, L. Boff dedica um capítulo para discutir o conceito de experiência e, responder à questão *"Que é ex-peri--encia?"*.[211] De forma introdutória ele propõe a seguinte definição: "*Ex--peri-encia* é a ciência ou o conhecimento (ciência) que o ser humano adquire quando sai de si mesmo (ex) e procura compreender um objeto por todos os lados (peri)".[212] Sendo, portanto, um conhecimento, o é em perspectiva distinta dos demais. "A experiência não é um conhecimento teórico ou livresco. Mas é adquirido em contato com a realidade que não se deixa penetrar facilmente e que até se opõe e resiste ao ser humano. Por isso, em toda a experiência existe um quociente forte de sofrimento e luta".[213]

Essa luta e sofrimento que L. Boff percebe como elementos integrantes do conhecimento derivado da experiência, se dão exatamente porque essa forma de conhecimento resulta "do encontro com o mundo, num vai-e-vem incessante, encontro que nos permite construir e também destruir representações que havíamos recebido da sociedade

---

210   *Ibid.*, p. 247.

211   BOFF, Leonardo. *Experimentar Deus. A transparência de todas as coisas*. 3ª edição. Campinas: Verus, 2002, pp. 39-49. Esse texto encontra-se em sua primeira versão como um capítulo da obra *Experimentar Deus hoje*. Petrópolis: Vozes, 1974, pp. 126-190.

212   *Ibid.*, pp. 39-40.

213   *Ibid.*, p. 40.

ou da educação".[214] Mais uma vez percebemos que tal conhecimento se dá diante de uma "presença", por isso ele se faz em um "encontro", sendo inalienavelmente "relacional". Na perspectiva de L. Boff o saber que deriva desse tipo de conhecimento "é um saber 'verificável' que se faz verdade concreta e vital".[215]

L. Boff, utilizando-se do instrumental semântico como lhe é peculiar, capta e interpreta a experiência como forma de percepção da realidade. Aliás, é a realidade mesma que se constitui na topografia própria de tal epistemologia. Quando L. Boff secciona a "ex-peri-encia" ele o faz para reencontrar a profundidade de sua significação. Experiência não é um simples "ato ou efeito de experimentar algo", mas, é a "(**ciência**) que o ser humano adquire quando sai de si mesmo (**ex**) e procura compreender um objeto por todos os lados (**peri**)".

Valorizando a densidade das partículas seccionadas da "ex-peri--encia", L. Boff aprofunda as peculiaridades próprias dessa ciência. Em primeiro lugar ele toma a partícula *peri*. Sobre ela L. Boff observa: "A ciência que resulta da '*ex-peri-encia*' não é mera sensação de um objeto. É a síntese de toda uma série de abordagens do objeto (*peri* "ao redor de", "em torno de").[216] A experiência como epistemologia se caracteriza, portanto, por essa relação com o objeto, onde é vislumbrado por todos os lados. Não que a experiência tenha algo de onisciente, mas que sua ação é holística. Todos os lados não significa a absolutez do objeto, mas sua inteireza constitutiva, sua complexidade.

O *peri* da "ex-peri-encia" à medida que se constitui como abordagem que compreende o holismo da realidade, desenvolve consequentemente

---

214 *Ibid.*

215 *Ibid.*

216 *Ibid.*, p. 41.

uma aproximação a tal realidade capaz de captar seu holismo. Ou seja, a uma realidade complexa cabe uma aproximação complexa. Estabelece-se dessa forma uma mutualidade sujeito e objeto.[217] "Pela experiência o objeto se faz cada vez mais presente dentro de quem quer conhecer, na medida em que ele se abre mais e mais ao objeto e o estuda de diferentes ângulos".[218]

Após vermos a abrangência da partícula *peri* resta-nos ainda perceber as possibilidades da partícula *ex*. "*Ex* é uma preposição latina que significa, entre outros conteúdos, 'estar orientado para fora', 'aberto para' ".[219] A partir da compreensão de *ex* a experiência é revestida de uma inalienável condição de encontro e relação. Conhecer, ao menos na perspectiva da experiência, é relacionar-se com a realidade como uma presença. Exatamente por isso nos são reclamadas todas as dimensões de nossa existência, não somente a razão ou os sentidos compreendidos em oposição. Uma relação com uma presença demanda a inteireza da existência.

Aqui se encontra em maior grau a peculiaridade da epistemologia da experiência: a inteireza do humano diante da inteireza da realidade.

---

217 Leonardo Boff oferece um exemplo da relação de mutualidade entre sujeito e objeto que ocorre na perspectiva epistemológica própria da experiência.

> Um médico experimentado é aquele que se confrontou muitas vezes com a mesma doença sob os mais diferentes sintomas, sob as formas e circunstâncias as mais diversificadas a ponto de não mais se surpreender ou se enganar. Ele conhece simplesmente. Não tanto porque estudou em livros – isso também –, mas porque esteve às voltas, concretamente, com a doença e conheceu-lhe os sintomas. O modelo que elaborou da doença, combinando experiência vivida com ciência dos livros, é modelo testado e verificado. BOFF, Leonardo. Op. cit., p. 41.

218 *Ibid.*

219 *Ibid.*, p. 42.

Mesmo que ainda nos encontremos na lógica sujeito/objeto, nos inserimos nela de forma distinta àquela proposta pelo racionalismo moderno. Como L. Boff observa:

> *Neste sentido,* ex *exprime uma característica fundamental do ser humano como "ex-istência". Ele é um ser que "ex-iste" voltado para fora (ex), em diálogo e comunhão com o outro e com o mundo. Daí ser a "ex-peri--encia" não apenas uma ciência, mas uma verdadeira "cons-ciência".*[220]

Tal "cons-ciência" – ciência derivada da "ex-peri-encia" –, que se funda na relação com uma presença, realiza uma forma de "ser-no--mundo". Não sendo suficiente, portanto, somente o desenvolvimento de certo instrumental de compreensão abstrata e conceitual acerca dos objetos, tal ciência (cons-ciência) exige um influxo da vida sobre a realidade que se quer conhecer e, desta realidade sobre a vida que se abre para conhecê-la. Esta é uma forma de "ser-no-mundo" fundado sobre o princípio da afetação, que exclui qualquer forma de isenção do sujeito frente ao objeto. No processo de conhecimento dirigido pela experiência, os dois polos – sujeito e objeto – são mutuamente afetados e o discurso derivado de tal epistemologia não pode ser confundido como uma mera descrição da realidade, mas como uma interpretação dela.

Nas palavras de L. Boff a "experiência é o modo como interiorizamos a realidade e a forma que encontramos para nos situar no mundo com os outros".[221] Em suma, a experiência constitui-se numa "cons-ciência" geradora de uma forma de "ser-no-mundo", ou seja, um horizonte onde a existência pode se realizar.[222]

---

220 *Ibid.*
221 *Ibid.*, p. 43.
222 *Ibid.*, p. 43.

Do pensamento de L. Boff podemos, pois, depreender as seguintes características para a experiência como forma de percepção da realidade: 1) ela é a ciência ou o conhecimento (ciência); 2) que o ser humano adquire quando sai de si mesmo (ex); 3) e procura compreender um objeto por todos os lados (peri); 4) ela é uma "cons-ciência", mais que um instrumental de criação de conceitos; 5) e, por fim, ela constitui um horizonte que exige uma forma de "ser-no-mundo" em convergência àquilo que a constitui.

Na abordagem ao tema da experiência feita por Lima Vaz e L. Boff há uma convergência explícita – mesmo que aquele parta de uma abordagem ontológica enquanto este opte pelo aporte existencial –, que nos permite concluir essa fase de fundamentação filosófica da condição epistemológica da experiência. Queremos agora avançar em nossa compreensão sobre experiência no campo das expressões religiosas. Para isso nos guiaremos pelo instrumental teórico da fenomenologia da religião.

3 - Experiência e religião: a perspectiva da Fenomenologia da Religião

Tendo como base a reflexão que fizemos sobre a condição epistemológica da experiência – para isso nos foi necessário o aporte da filosofia – partimos nesse tópico para a compreensão das relações que a experiência mantém com a religião, no sentido de "conhecer" o Sagrado[223] e a

---

[223] Ao longo do tópico "Experiência e religião: a perspectiva da Fenomenologia da Religião" utilizaremos a expressão "Sagrado" para nos referir à existência de um ser supremo. Outras expressões poderiam ser utilizadas tais como "o totalmente outro", "o transcendente", "o Santo"... Nossa opção pelo termo "Sagrado" se dá pela influência de importantes autores, entre eles: ELIADE, Mircea. O Sagrado e o Profano. A

realidade a partir dele. Para tanto nós propomos o seguinte caminho: iniciaremos por uma breve conceituação da fenomenologia, seguida da exposição dos critérios próprios da fenomenologia enquanto método, faremos a passagem da fenomenologia à fenomenologia da religião, estabeleceremos o paralelo entre experiência humana e experiência do Sagrado e, por fim, proporemos uma síntese da experiência no âmbito da fenomenologia da religião.

O termo fenômeno – do qual se origina a fenomenologia – vem do grego *fainomenon*, que significa aquilo que aparece, que se mostra.[224] Logo, fenomenologia é, literalmente, o estudo do que aparece. Mas, obviamente, como método científico, o termo vai muito além do seu significado literal. A fenomenologia é uma tentativa de compreender a essência da experiência humana, seja ela psicológica, social, cultural ou religiosa, a partir da análise das suas manifestações, chamadas de fenômenos. É uma tentativa de compreensão não do ponto de vista do observador, mas do ponto de vista da própria pessoa que faz a experiência.

---

essência das religiões. São Paulo: Martins Fontes, 1999. OTTO, Rudolf. O Sagrado. Petrópolis: Vozes. São Leopoldo: Sinodal/EST. 2007. CROATTO, José Severino. As linguagens da experiência religiosa. Uma introdução à fenomenologia da religião. São Paulo: Paulinas, 2001.

Limitar-nos-emos à utilização da expressão "Deus", percebendo que esta já é uma expressão própria da teologia. Ou seja, "Deus é o nome próprio pelo qual a teologia chama o Sagrado". Essa não é simplesmente uma questão léxica onde a escolha de um ou outro vocábulo não faria qualquer diferença, mas uma questão teológica: quando na teologia utiliza-se o vocábulo "Deus" está-se evocando um conteúdo teológico construído ao longo de uma extensa tradição.

224 ABBAGNANO, Nicola. *Dicionário de filosofia*. São Paulo: Companhia das Letras, 2003. Verbete Fenômeno, pp. 436-437.

O método da fenomenologia possui dois conceitos básicos que o distingue dos demais métodos científicos, mesmo aqueles ligados às ciências humanas: *redução eidética* e *epoché*.[225] Esses dois conceitos se tornaram o principal diferencial da fenomenologia, pois enquanto os demais métodos científicos excluíam a subjetividade em favor da objetividade, Edmund Husserl sugeriu ser possível compreender o subjetivo, a essência, o eidos.

Na época de E. Husserl, estava em voga o psicologismo para o qual a experiência religiosa não passava do produto da psique humana. A fenomenologia muda o foco da análise, afirmando que, independente dessa experiência ser um produto da psique ou um real encontro com o sagrado, o que interessa é compreender o que a mesma significa para o *homo religiosus*,[226] aquele que vivencia tal experiência. Na linguagem do próprio E. Husserl, é o voltar às coisas mesmas.

A *redução eidética* é a busca por essa essência do fenômeno. É a tentativa de ver o fenômeno como o próprio *homo religiosus* vê. Para isso é necessária a *epoché*, a suspensão do juízo, dos pressupostos. O sociólogo clássico se aproxima do homem religioso já pressupondo que a experiência

---

[225] Redução eidética é a busca pela essência do fenômeno em questão. Epoché é a suspensão do juízo que o fenomenólogo deve operar, se quiser compreender realmente o fenômeno estudado. Para um aprofundamento nessa questão ver: HUSSERL, Edmund. Meditações cartesianas. Introdução à fenomenologia. São Paulo: Madras, 2001. HUSSERL, Edmund. A ideia da fenomenologia. Lisboa: Edições 70, 1990. OLIVEIRA, Vitória Peres de. A fenomenologia da religião: temas e questões sob debate. Em: DREHER, Luís H. A essência manifesta. A fenomenologia nos estudos interdisciplinares da religião. Juiz de Fora: UFJF, 2003, pp. 35-58. DARTIGUES, André. O que é a fenomenologia? 8ª edição. São Paulo: Centauro, 2003. pp. 7-48. SOKOLOWSKI, Robert. Introdução à fenomenologia. São Paulo: Loyola, 2004, pp. 31-50.

[226] Designação da fenomenologia da religião para o crente de determinada religião.

do mesmo é fruto do viver social. O psicólogo clássico pressupõe de antemão ser um resultado da psique. O fenomenólogo tentará não pressupor nada. A *epoché* se constitui, portanto, numa "suspensão intelectual necessária para tratar dos fenômenos deixando entre parênteses os pressupostos e condicionamentos".[227]

Foi a partir da fenomenologia com seu método – como vimos acima – que se constituiu a fenomenologia da religião.[228] Segundo o

---

227 OLIVEIRA, Vitória Peres de. *A fenomenologia da religião: temas e questões sob debate*. Em: DREHER, Luís H. *A essência manifesta. A fenomenologia nos estudos interdisciplinares da religião*. Juiz de Fora: UFJF, 2003, p. 40.

228 A expressão "fenomenologia da religião" foi criada pelo holandês, historiador das religiões, Pierre Daniel Chantepie de la Saussaye (1848-1920). Na primeira edição da sua obra *Manual de história das religiões* (1887) usou essa expressão, entretanto, não indicava com a mesma um novo método, mas apenas uma alternativa terminológica para a chamada "religiões comparadas". A primeira expressão significativa da fenomenologia da religião como método científico vem do holandês Gerardus van der Leeuw (1890-1950), na sua "fenomenologia da religião" (1933). Ligado à fenomenologia filosófica de Husserl, Leeuw propõe um método de compreensão, e não apenas de descrição, da experiência religiosa, a partir da análise das suas linguagens ou meios de manifestação dos fenômenos. Para ele, a meta da pesquisa fenomenológica é atingir a essência da religião, essência essa que o fenomenólogo alemão Gustav Mensching (1901-1978), contemporâneo de Leeuw, definiria como a experiência do encontro com o Sagrado. FILORAMO, C. e PRANDI, G. *As ciências das religiões*. São Paulo: Paulus, 1999. p. 43. Apesar de se afastar um pouco da linha filosófica, van der Leeuw retoma pelo menos dois conceitos básicos de Husserl: a epoché e a visão eidética. Outro nome importante dos estudos de fenomenologia da religião é o fundador da escola fenomenológica alemã de Marburgo, o iminente Rudolf Otto (1869-1937), que com seu livro O Sagrado (1917) ofereceu um modelo de análise fenomenológica em chave hermenêutica da experiência religiosa. É preciso ainda citar o nome de Mircea Eliade (1907-1986). M. Eliade é, sem dúvida, um dos nomes mais citados na fenomenologia da religião. Romeno que se radicou nos Estados Unidos,

professor Antônio Gouvêa de Mendonça, a fenomenologia da religião pode ser vista num duplo sentido: uma ciência independente, com suas pesquisas e publicações, mas também como um método que faz uso de princípios próprios.[229] Aqui assumimos a perspectiva da fenomenologia da religião como método de pesquisa e, enquanto tal, um "estudo das coisas em seus aspectos observáveis, contrapondo-se à sua causalidade".[230] Ou seja, é o estudo das causas religiosas através da observação das suas manifestações.

Utilizando uma analogia, a análise fenomenológica é como o trabalho do arqueólogo. A partir de uma pequena evidência que aparece no solo, ele escava até descobrir grandes fósseis escondidos sob os seus pés. Os fenômenos ou manifestações religiosas são apenas pequenas evidências que se mostram. Cabe ao fenomenólogo intuir através delas até alcançar o seu significado mais profundo. Detrás de cada fenômeno há

M. Eliade tem uma vasta produção nas diversas áreas de estudo da religião. No âmbito da América Latina merece destaque o nome de José Severino Croatto (1930-2004). Fenomenólogo da religião, além de grande exegeta, J. S. Croatto escreveu a partir da Argentina uma das mais completas obras de introdução à fenomenologia da religião. Nela ele faz a seguinte observação: "Aplicada à(s) religião(ões), a fenomenologia não estuda os fatos religiosos em si mesmos (o que é tarefa da história das religiões), mas sua intencionalidade (seu eidos) ou essência. A pergunta do historiador é sobre quais são os testemunhos do ser humano religioso, a pergunta do fenomenólogo é sobre o que significam. Não o que significam para o estudioso, mas para o *homo religiosus*, que vive a experiência do Sagrado e a manifesta nesses testemunhos ou fenômenos". CROATTO, José Severino. As Linguagens da experiência religiosa. Uma introdução à fenomenologia da religião. São Paulo: Paulinas, 2001, p. 25.

229 MENDONÇA, Antônio Gouvêa. *Fenomenologia da experiência religiosa*. Em: CASTRO, Dagmar Silva Pinto de & Outros. *Fenomenologia e análise do existir*. São Bernardo do Campo: UMESP, 2000, p. 142.

230 PADEM, Wiliam. *Interpretando o Sagrado*. São Paulo: Paulinas, 2001, p. 135.

uma ideia, um significado. É essa ideia que a fenomenologia procura compreender. No caso da fenomenologia da religião, o que o fenômeno religioso revela e esconde ao mesmo tempo é a ideia do sagrado.

Em suma, a fenomenologia da religião estuda os fenômenos religiosos a partir de sua intencionalidade, pergunta pelo significado do fato religioso para o *homo religiosus*.

> *A fenomenologia parte necessariamente dos fenômenos religiosos (fatos, testemunhos, documentos), contudo, explora especificamente seu sentido, sua significação para o ser humano específico que expressou ou expressa esses mesmos fenômenos religiosos.*[231]

A base, ou ponto de partida da fenomenologia da religião em sua ação epistemológica é a experiência do sagrado que pode ser comunicada exclusivamente pelo sujeito que a fez. Assumindo a experiência como forma básica de aquisição de conhecimento, nada chega ao nosso intelecto sem causar uma experiência pessoal, quer seja empírica ou existencial. Assim sendo, a religiosidade está intimamente relacionada com a experiência, no caso, com o sagrado. Se referindo a um contexto cristão, Waldomiro Piazza afirma que "a essência da experiência religiosa é o encontro do homem com Deus".[232] Generalizando esse raciocínio, podemos então dizer que a experiência religiosa consiste no encontro do homem com o sagrado.

Na perspectiva da fenomenologia da religião deve-se afirmar a "irredutibilidade do fenômeno religioso".[233] Ou seja, "não é possível reduzir

---

231 CROATTO, José Severino. *As linguagens da experiência religiosa. Uma introdução à fenomenologia da religião*. São Paulo: Paulinas, 2001, p. 25.
232 PIAZZA, Waldomiro Octavio. Introdução à fenomenologia religiosa. Petrópolis: Vozes, 1983, p. 106.
233 OLIVEIRA, Vitória Peres de. *A fenomenologia da religião: temas e questões sob*

o fenômeno religioso a qualquer outra coisa, não é possível afirmar que a religião '*nada mais é que...*' ".[234] Aldo Natale Terrin explicita bem o conceito de irredutibilidade da religião no interior da fenomenologia afirmando a sua importância e necessidade de preservação.

A *autonomia* e a *especificidade* da religião e da experiência religiosa que a sustentam são o bem precioso que deve ser preservado contra todas as tendências reducionistas e são, ao mesmo tempo, uma conquista alcançada mediante um esforço de identificação e "simpatia" com aquele que crê, com quem vive certa religião.[235]

Identificação e simpatia com o *homo religiosus* são os traços que norteiam o fenomenólogo da religião diante da expressão da experiência com o sagrado narradas por aquele. Nesse sentido a epistemologia que daí emerge não se confunde com qualquer ranço racionalista, sobretudo com teses positivistas que afirmam a neutralidade do sujeito frente ao seu objeto. A simpatia não permite neutralidade, antes, ela conduz o conhecimento a inalienável condição de circunscrição e de subsequente enfraquecimento no que diz respeito às abordagens que em nome de proposições universais se rendem à infertilidade existencial e acadêmica da pura abstração.

Até aqui vimos: 1) o que é a fenomenologia enquanto método científico, 2) os principais elementos que a constituem como tal, 3) a afirmação desse método no estudo do fenômeno religioso e, 4) quanto esta fenomenologia da religião valoriza a experiência do sagrado como foco irredutível de toda a sua ação epistemológica. Agora, portanto, faz-se

---

debate. Em: DREHER, Luís H. *A essência manifesta. A fenomenologia nos estudos interdisciplinares da religião.* Juiz de Fora: UFJF, 2003, pp. 46-48.

234   TERRIN, Aldo Natale. *Introdução ao estudo comparado das religiões.* São Paulo: Paulinas, 2003, p. 23.

235   *Ibid.*

necessário aprofundar a concepção de experiência religiosa subjacente ao método e discurso da fenomenologia da religião. Para isso nos guiaremos pela reflexão de José Severino Croatto.[236]

J. S. Croatto, em sua obra *As Linguagens da experiência religiosa*, dedica um grande espaço (todo o segundo capítulo) para a discussão acerca das estruturas da experiência religiosa.[237] Logo na introdução ele afirma que "mesmo que a finalidade da vivência religiosa seja transcendente, trata-se de uma experiência *humana*, própria do ser humano e condicionada por sua forma de ser e pelo seu contexto histórico cultural".[238] Notemos que não se trata de uma redução da experiência religiosa à condição de experiência humana de caráter psicológico,[239] mas de perceber que a experiência do sagrado só pode ser realizada pelo ser humano enquanto tal, circunscrito em seu horizonte histórico-cultural.

J. S. Croatto propõe que para entender a experiência do sagrado narrada pelo *homo religiosus*, é necessário antes de qualquer coisa, conhecer o *homo sapiens e demens*[240] onde se realiza a experiência humana como tal. Não são dois o *homo religiosus* e o *homo sapiens/demens*, antes, um único ser, capaz de fazer a multiplicidade das experiências humanas,

---

236 CROATTO, José Severino. *As linguagens da experiência religiosa. Uma introdução à fenomenologia da religião*. São Paulo: Paulinas, 2001.

237 *Ibid.*, pp. 41-79.

238 *Ibid.*, p. 41.

239 De uma experiência do humano com ele mesmo, ou como diria Ludwig Feuerbach: "O que é Deus para o homem é o seu espírito, a sua alma e o que é para o homem seu espírito, sua alma, seu coração, isso é também o seu Deus". FEUERBACH, Ludwig. *A essência do cristianismo*. São Paulo: Papirus, 1997, p. 55.

240 BOFF, Leonardo. *O despertar da águia. O dia-bólico e sim-bólico na construção da realidade*. 13ª edição. Petrópolis: Vozes, 2000, pp.157-161.

dentre elas aquela que é possivelmente a mais radical, a experiência com o sagrado. Exatamente por isso, antes de tratar da experiência do sagrado, J. S. Croatto trata da "experiência humana como tal",[241] estabelecendo para isso sua dupla caracterização: a) a experiência humana como vivência relacional, b) a experiência humana como vivência individual.

A experiência que o ser humano tem da existência, de sua condição de "ser-no-mundo", tanto no que tange ao horizonte natural quanto sobrenatural, se realiza dentro das estruturas próprias da vida social em suas mais diversas representações. Isso indica que tais experiências se constituem de forma indireta, ou seja, mediadas pelas relações que o ser humano estabelece com as instâncias da realidade e que em última análise constroem sua humanidade. No que diz respeito especificamente à experiência do sagrado, a experiência indireta é o caminho comum. Não obstante, existe também a experiência direta, própria da mística ou dos eventos originantes das religiões.

Na perspectiva da experiência humana em sua condição de vivência relacional, nos limitamos à reflexão acerca da experiência indireta, mediada pelas representações da realidade externa ao próprio homem. J. S. Croatto mostra que tal vivência se realiza numa tríplice dimensão: "com o mundo (a natureza, ávida e o que a realidade oferece)",[242] "com o outro indivíduo"[243] e, "com o grupo humano (todo ser humano está socializado, de uma forma ou de outra, em diferentes níveis)".[244]

Contudo, além da face relacional da experiência humana, há também uma face individual. Cada ser humano constrói um projeto

---

241   CROATTO, José Severino. Op. cit., p. 41.
242   CROATTO, José Severino. Op. cit., p. 41.
243   *Ibid.*
244   *Ibid.*

de vida que procura realizar durante sua existência.²⁴⁵ Como propõe J. S. Croatto:

> *Em tudo o que deseja e faz, o ser humano manifesta que não é um ser pleno: deve crescer biologicamente, aprender intelectualmente, preparar-se para tudo, buscar metas, melhorar a saúde, aspirar a uma vida melhor, reiniciar uma e outra vez caminhos novos; ainda na véspera da morte, sente que tem de fazer algo para ser o que ainda não é. É um ser que está sempre em busca. Essa é a característica fundamental do ser humano.*²⁴⁶

Essa condição de não plenitude a que o ser humano se encontra inescapavelmente ligado, gera nele uma consciência marcada profundamente por alguns traços: o primeiro deles aponta para as necessidades específicas da vida (necessidades físicas, psíquicas, socioculturais),²⁴⁷ que realizadas em maior ou menor grau têm direto influxo sobre a experiência que esta ou aquela pessoa terá da realidade. O segundo traço é a consciência de limitação diante da vida que assola todo e qualquer ser humano. Tal consciência de limitação se manifesta de forma tríplice.²⁴⁸

Em primeiro lugar está a limitação da fragmentação: "o bem, a felicidade, o descanso, o dinheiro etc., só se pode ter parcialmente, em fragmentos, nunca em uma totalidade plenificante".²⁴⁹ Em segundo está a limitação da finitude: "há limites em todas as coisas, até mesmo na

---

245 *Ibid.*, p. 42.

246 *Ibid.*

247 *Ibid.*, pp. 42-43.

248 *Ibid.*, p. 43.

249 *Ibid.*, p. 43.

própria vida [...]. Parece, que a finitude da vida opõe-se a uma infinitude do sofrimento. Daí a ansiedade existencial gerada e da qual a vivência religiosa vem socorrer".[250] Em terceiro a limitação da falta de sentido de muitas experiências vitais: "o trabalho alienante é um exemplo, como são também a morte, a dor ou uma vida 'vazia' ".[251]

O que faz com que o ser humano sinta com tanta agudeza esses traços, é sua tendência à totalidade. No horizonte está o infinito, porém, no chão pedregoso do caminho estão as limitações. Superar os limites rumo ao horizonte que teima em não se aproximar o suficiente, constitui-se na "*u-topia*" de todo o humano. Estabelece-se, pois, uma tensão contínua que em última análise faz surgir o desejo de "salvação", tanto em suas representações religiosas, quanto nas propostas sócio-políticas. Como observa J. S. Croatto:

> *Dá-se, portanto, uma tensão dialética entre o desejo e sua realização que, como nunca é plena, engendra um novo desejo e uma nova tensão. O ser humano é, na realidade, "menos" do que deseja ser; mas é sempre, no desejo, um "mais" que não chega a se concretizar por inteiro.*[252]

É exatamente nesse contorno da experiência humana enquanto tal que se realiza a experiência do sagrado.[253] Nesse sentido acompanhamos a aplicação da dupla caracterização da experiência humana (como vivência relacional e, como vivência individual), como

---

250 *Ibid.*

251 *Ibid.*

252 *Ibid.*, p. 44.

253 Segundo afirma Paul Tillich "a experiência religiosa dá-se na experiência geral; elas podem ser diferenciadas, mas não separadas". TILLICH, Paul. *Teologia sistemática*. 5ª edição. São Leopoldo: Sinodal, 2005. p. 56.

propõe J. S. Croatto, para a análise da experiência – ainda humana – do sagrado.

Com relação à condição relacional da experiência, ela tem "uma grande influência na 'socialização' da experiência religiosa".[254] À medida que a experiência do humano enquanto tal acontece nos contornos da relacionalidade, a experiência do humano com o sagrado só poderá ocorrer nos limites de tal contorno. J. S. Croatto, partindo do pressuposto que experiência humana enquanto tal compreende a relação com o mundo, com o outro indivíduo e, com o grupo humano, amplia ainda mais a dimensão relacional da experiência do sagrado afirmando que esta "relaciona também a realidade humana com o transcendente".[255]

Com relação à condição individual da experiência humana (com seus dois traços: a consciência das necessidades específicas da vida e, a consciência de limitação diante da existência – está em sua tríplice manifestação: limitação da fragmentação, a limitação da finitude, limitação da falta de sentido), seu influxo sobre a experiência do sagrado é igualmente inequívoca.

No caso da consciência das necessidades (físicas, psíquicas e socioculturais) podemos observar como no âmbito da experiência do sagrado as respostas são oferecidas. No caso das necessidades físicas "milagres, cura, comida ou bebida milagrosa, ressurreição...";[256] para as necessidades psíquicas, "a paz, o gozo da 'glória' ou visão de Deus, estados místicos, amor plenificante...";[257] respondendo às necessidades socioculturais, "uma nova

---

254 CROATTO, José Severino. Op. cit., p. 42.
255 *Ibid.*, p. 44.
256 *Ibid.*, p. 45.
257 *Ibid.*

ordem social, a libertação como ação divina na história, a irrupção de um mundo novo...".[258]

Já no que tange à consciência de limitação, "o ser humano soube 'imaginar', em todos os tempos, maneiras de superar suas limitações recorrendo ao sagrado".[259] O *homo religiosus* conseguiu passar do fragmentário ao totalizador, e isso fica bastante evidente nos vários escritos sagrados, segundo J. S. Croatto "o bem, a felicidade, o descanso são descritos nos textos religiosos como plenificantes".[260] Quanto à limitação da finitude, a melhor resposta apresentada pela experiência do sagrado é a promessa do eterno[261] em suas mais diversas configurações. A respeito da limitação posta pela falta de sentido que invade a experiência humana, a experiência do sagrado articula poderosas respostas: esperança, providência, intervenção divina são algumas delas.[262]

O ser do humano – como forma de "ser-no-mundo" – e o sagrado, são conhecidos através da experiência mediada que o ser humano realiza enquanto tal. Humano e sagrado estão para a experiência como as duas faces de uma moeda. Porque e como o humano tem experiência com sua condição, pode também fazer experiência com o que ou quem lhe é o fundamento. Essa é uma das mais importantes contribuições da fenomenologia da religião. Além disso, o movimento feito pelo fenomenólogo da religião, de trazer para o centro da sua ação epistemológica o *homo religiosus*, confere ao mesmo tempo a profundidade e a extensão que este método científico possui frente à problemática do

---

258 *Ibid.*

259 *Ibid.*

260 *Ibid.*

261 *Ibid.*

262 *Ibid.*

desvelamento do sagrado, bem como do conhecimento da realidade a partir daí.

Vale a pena ressaltar ainda, acerca desta profundidade e extensão, que a primeira é realmente profunda, ou seja, a partir da expressão de quem faz a experiência do sagrado – o *homo religiosus* – se pode mergulhar sempre mais profundamente no oceano do Mistério.[263] Mas, é necessário também dizer, que quanto à extensão, o conhecimento será sempre restrito. Restrito às muitas circunstâncias que traduzem o substantivo abstrato *humanitas* em substantivo concreto: o homem (homem e mulher).

Tendo fundamentado do ponto de vista filosófico a condição epistemológica da experiência e, avançado na proposição acerca de sua centralidade na compreensão das expressões religiosas a partir da fenomenologia da religião, é necessário avançar ainda mais, para enfrentar a relação entre experiência e teologia, em sua matriz cristã.

4 - Experiência e teologia: a perspectiva da Teologia diante da fé cristã

> "Por favor, por favor!"
> Disse um peixe do mar a um outro peixe:
> "Você que deve ter mais experiência,
> talvez possa ajudar-me... Então me diga:
> Onde posso encontrar a coisa imensa
> que chamam de Oceano? Em toda a parte
> eu o venho buscando sem sucesso."

---

[263] Na observação de J. S. Croatto "um princípio essencial é que o transcendente, núcleo de tal experiência (do Sagrado), não é captado pelo fenomenólogo, mas pelo *homo* religiosus". CROATTO, José Severino. *As linguagens da experiência religiosa. Uma introdução à fenomenologia da religião*. São Paulo: Paulinas, 2001, p. 27.

"Mas é precisamente no Oceano
que você está nadando", disse o outro.
"Oh... isto? Mas é pura e simplesmente água!"
Disse o peixe mais jovem, "eu procuro
é o grande Oceano!" E lá se foi nadando,
muito desapontado, a buscar noutra parte.[264]

Ao iniciarmos essa reflexão sobre a experiência nos limites da teologia, se faz necessário precisar propriamente o que distingue experiência religiosa de experiência teológica. Essa tarefa tem como propósito central circunscrever aquilo que seria próprio da teologia. Com isso, estamos dizendo que há uma tarefa específica que cabe inalienavelmente à teologia.

De forma sintética afirmamos: a diferença entre experiência religiosa e experiência teológica é que esta ousa nomear o Sagrado e sua presença, chamando-o "Deus".

Essa é, portanto, uma diferença substantiva. A experiência teológica parte do dado colocado pela experiência religiosa: "há uma presença a ser experimentada...". Contudo, não para nesse dado, o nomeia, mesmo que para isso tenha que ousar dizer o indizível. Ousar, portanto, significa que a teologia tenta nomear o inominável e, o faz da única forma possível: no recurso dialético da linguagem, da mediação cultural.

A teologia e, mais especificamente o teólogo, é aquele que diante de uma presença que o interpela, ousa perguntar-lhe por seu nome,[265] tanto para qualificar sua experiência, quanto para comunicá-la.[266] De tal ousadia

---

264 MELLO, Anthony. *O canto do pássaro. Contemplar a Deus em todas as coisas e todas as coisas em Deus.* 11ª edição. São Paulo: Loyola, 2003, p. 22.

265 Êxodo 3, pp. 13-15.

266 RICOEUR, Paul. *Entre filosofia e teologia II: nomear Deus.* Em: RICOEUR,

derivam duas posturas ou estratégias discursivas que determinam a própria concepção que a teologia terá de sua tarefa. Por um lado pode surgir uma postura conceitual unívoca, que a partir de procedimentos especulativos arrogue para si a condição de qualificar univocamente a experiência que tem da presença do Sagrado. Desta forma aconteceria uma identificação da experiência da presença com a própria presença. A nomeação dessa presença passaria a corresponder exatamente a esta em toda a sua espessura.

Outra postura possível diante da emergência da experiência de tal presença é a simbólico-polifônica. A teologia e o próprio teólogo sabem-se diante do mistério desvelado, ousam nomeá-lo, não obstante reconhecem que essa é uma tarefa que se faz sempre de forma inacabada, frágil, aberta. Ou seja, sem sandálias nos pés.[267] Nesse caso, tanto a experiência em si quanto sua comunicação são carregadas da consciência de assimetria que há entre a presença e a possível experiência com esta. Se a postura conceitual é geradora de univocidade discursiva, a postura simbólica é francamente aberta à expressividade polifônica.

Atento para as discussões sobre posturas e estratégias discursivas no processo de nomeação das experiências teológicas judeu-cristãs originárias, Paul Ricoeur em seu artigo *"Entre filosofia e teologia II: nomear Deus"* faz a seguinte observação:

> *A nominação de Deus nas expressões originárias da fé não é simples, mas múltipla. Ou antes, ela não é monocórdia, mas polifônica. As expressões originárias da fé são formas complexas de discurso, são tão diversas quanto narrações, profecias, legislações,*

Paul. *Leituras 3. Nas fronteiras da filosofia.* São Paulo: Loyola, 1996, p. 195.
267 Êxodo 3. P. 5.

> *provérbios, preces, hinos, fórmulas litúrgicas, escritos sapienciais. Essas formas de discurso nomeiam Deus todas juntas. Mas elas o nomeiam diversamente.*[268]

Nomear Deus a partir de uma postura discursiva simbólico-polifônica constitui, antes de tudo, voltar-se à experiência mesma da presença de Deus, não tanto às palavras fixadas que decorrem de tal experiência. P. Ricoeur afirma acerca desta questão que:

> *É preciso dizer que nomear Deus é em primeiro lugar um momento de confissão narrativa. É na 'coisa' contada que Deus é nomeado. Isso contra certa ênfase das teologias da palavra que observam apenas acontecimentos de palavra.*[269]

Contornando ainda mais a precedência da experiência no processo de nomeação de Deus, P. Ricoeur afirma:

> *Um texto é primordialmente um anel em uma corrente comunicativa: em primeiro lugar, uma experiência de vida é levada à linguagem, torna-se discurso; depois, o discurso se diferencia em fala e em escrita [...], a escrita, por sua vez, é restituída à fala viva por meio dos diversos atos do discurso que reatualizam o texto. A leitura e a pregação são atualizações desse tipo na fala da escrita. Um texto é, sob esse ponto de vista, como uma partitura musical que pede para ser executada (alguns críticos, reagindo contra o excesso do texto em si, chegam até mesmo a dizer que é o "leitor no texto" que completa o seu sentido, por exemplo, ao completar as suas lacunas, resolvendo*

---

268 RICOEUR. Paul. *Entre filosofia e teologia II: nomear Deus.* Em: RICOEUR, Paul. *Leituras 3. Nas fronteiras da filosofia.* São Paulo: Loyola, 1996, p. 190.

269 *Ibid.*, p. 191.

> *as suas ambiguidades, até mesmo corrigindo a sua ordem narrativa ou argumentativa).*[270]

A primazia do voltar-se à experiência de Deus no processo ousado de nomeá-lo reforça a postura discursiva teológica simbólico-polifônica em seu estado de inacabamento e abertura. Mais uma vez P. Ricoeur observa que "O referente 'Deus' não é apenas o indicador do pertencimento mútuo das formas originárias do discurso da fé, ele também é o seu inacabamento. Ele é a sua visada comum e o que escapa a cada uma delas".[271]

Como na epígrafe de Anthony de Mello, o próprio da tarefa teológica frente a possível experiência da desvelada presença do real é dizer como o peixe mais experiente: "Mas é precisamente no Oceano que você está nadando".[272] Esta ousadia de nomear coloca ao fazer teológico sua mais radical tarefa: fazer discernimento junto à comunidade que pergunta, mesmo sem palavras precisas: "Por favor, por favor!" Disse um peixe do mar a um outro peixe: "Você que deve ter mais experiência, talvez possa ajudar-me... Então me diga: Onde posso encontrar a coisa imensa que chamam de Oceano?".[273]

Tendo feito, portanto, uma distinção preliminar entre experiência religiosa e experiência teológica, sobretudo no sentido de afirmar o próprio da experiência teológica, bem como a postura ou estratégia discursiva que orienta toda nossa argumentação, é preciso avançar em nossa temática. Para tanto nos propomos a fazer um percurso do universal revelado no conceito de Sagrado (próprio da fenomenologia da religião),

---

270 *Ibid.*, p. 184.

271 *Ibid.*, p. 195.

272 MELLO, Anthony. *O canto do pássaro. Contemplar a Deus em todas as coisas e todas as coisas em Deus.* 11ª edição. São Paulo: Loyola, 2003, p. 22.

273 *Ibid.*

ao particular desse Sagrado nomeado Deus pela teologia no interior da fé cristã. De tal modo daremos os seguintes passos: 1) exposição da centralidade da experiência para a teologia da revelação; 2) o ápice da centralidade da experiência para a teologia da revelação expressado na encarnação, bem como a expressividade relacional que episódio apical oferece à teologia da revelação.

Antes, porém, de entrarmos diretamente na discussão sobre a centralidade da experiência para a teologia da revelação, faz-se necessário mostrar a íntima relação entre a presença de Deus – já nomeado no interior da teologia cristã – e experiência como expressão de cognoscibilidade humana. Relação esta que se realiza de forma pujante na pós-modernidade. Para isso consideraremos algumas contribuições de Andrés Torres Queiruga.

"De fato, Deus está presente em toda a realidade, aberto à experiência religiosamente cognoscitiva do homem".[274] Dessa forma, A. T. Queiruga sintetiza a íntima relação que há entre Deus e o humano. Deus é presença e o ser humano, como ser de abertura, pode fazer experiência de tal presença. Aliás – e essa é a tese dessa obra de A. T. Queiruga – esse humano só será pleno em sua humanidade no acolhimento da revelação, da mesma forma que tal revelação só pode ser justamente compreendida na dinâmica da realização plena do humano.

A perspectiva esposada por A. T. Queiruga é ampla e profunda. Sua amplitude consiste em dizer que Deus é presença em "toda a realidade". Sobre isso ele afirma: "O divino é sempre experimentado como 'transcendência ativa', que sai – por própria iniciativa – ao encontro do

---

274 QUEIRUGA, Andrés Torres. *Repensar la Revelación. La Revelación Divina en la Realizacion Humana.* Madrid: Editoria Trotta, 2008, p. 194.

homem; e, por isso, toda a religião se considera, enfim, revelada".[275] Já sua profundidade jaz na proposição de que Deus "está aberto à experiência humana". Aqui há uma importante questão a ser trabalhada: esta abertura de Deus à profundidade experiencial do humano, presente, sobretudo na vivência religiosa, deixou de ser conatural e espontânea em função da ascensão do movimento crítico da reflexão ao estado último da evolução da cognoscibilidade humana.[276] Aprofundou-se desta forma a distinção entre o Deus da filosofia e o Deus da religião. O primeiro é "analisado ou deduzido como *objeto* do pensamento crítico".[277] O segundo é "vivenciado espontaneamente como *sujeito* ativo".[278]

Do ponto de vista filosófico e teológico judaico, Martin Buber reflete essa mesma questão da seguinte forma:

> *A religião, mesmo que o "incriado" não seja expresso com a boca nem com a alma, fundamenta-se na dualidade eu-tu; a filosofia, mesmo quando o ato filosófico desemboca em uma visão de unidade, fundamenta-se na dualidade sujeito-objeto. A dualidade eu-tu completa-se na relação religiosa; a dualidade sujeito-objeto é o que sustenta a filosofia enquanto se faz filosofia [...]. Eu-tu subsistem graças à concretude vivida e dentro dessa concretude; sujeito e objeto, produtos da força de abstração, só duram enquanto dura a abstração.[279]*

---

275 *Ibid.*, p. 149.
276 QUEIRUGA, Op cit., p. 195.
277 *Ibid.*, p. 149.
278 *Ibid.*
279 BUBER, Martin. *O Eclipse de Deus. Considerações sobre a relação entre religião e filosofia.* Campinas: Verus, 2007, p. 32.

Falar de experiência com a presença desvelada de Deus é falar, pois, em relação ao "Deus da religião", à relacionalidade e concretude do eu-tu. A. T. Queiruga explicita claramente esse acento no experiencial-relacional-concreto da relação com a revelação nos seguintes termos: "Enquanto o homem experimenta – em si mesmo, como natureza ou na história – a Deus como chegando a ele, como manifestando-se a ele, está tendo a experiência radical da revelação".[280] Para A. T. Queiruga é preciso assumir que "Deus está realmente presente em todos os homens e se revela a eles realmente, [...] revela-se a eles sobretudo nas experiências mediadas por suas tradições religiosas".[281]

Implicitamente estamos argumentando sobre o transfundo da passagem crítica da razão instrumental moderna à racionalidade-relacionalidade (raciovitalismo) pós-moderna. Refletindo especificamente sobre tal passagem A. T. Queiruga afirma a seguinte compreensão sobre a teologia:

Nesse sentido, não concebo a teologia senão como decididamente *pós-ilustrada*. O que não é o mesmo (devo advertir, porque algumas vezes fui interpretado nessa direção) que simplesmente "ilustrada". Se prestarmos atenção, é justamente o contrário! Porque ser *pós* significa que não se pode retroceder nos desafios, perguntas e perspectivas abertas pelo iluminismo; porém, bem por isso, impõem-se para nós seguir *adiante*, sendo lucidamente críticos com as soluções iniciais, em grande parte prematuras e carregadas de uma polêmica unilateralidade.[282]

---

280 QUEIRUGA, Andrés Torres. Op. cit., p. 149.
281 *Ibid.*, pp. 150-151.
282 QUEIRUGA, Andrés Torres. *Fim do cristianismo pré-moderno*. São Paulo: Paulus, 2003, pp. 22-23.

Percebendo a "revolução epocal",[283] ou "mudança de paradigma"[284] que representa o *pós* para a teologia, logo depois de apreciar o pensamento de Gianni Vattimo como representante de uma "evolução filosófica",[285] A. T. Queiruga afirma: "Para um pensamento responsável tudo isso deveria significar antes de tudo, e sobretudo, uma só coisa: a necessidade ineludível de enfrentar lucidamente a nova situação, buscando um equilíbrio atualizado".[286] Dando desdobramento ao necessário enfrentamento dessa "nova situação" A. T. Queiruga trava um contato crítico com a pós-modernidade,[287] ele tece a seguinte consideração:

> *Existe uma [...] valência positiva, que se encontra no fato de ter (a pós-modernidade) propiciado a percepção de novos valores. No âmbito do individual suscitou, ou ao menos ativou, a revalorização do pequeno, a tolerância para com o diferente, a desobstrução do estabelecido, o novo apreço do corpo, a revitalização da experiência.*[288]

---

283 *Ibid.*, p. 23.

284 *Ibid.*

285 *Ibid.*, p. 25.

286 *Ibid.*, p. 25.

287 A. T. Queiruga não é o que poderíamos chamar de um teólogo pós-moderno, contudo seu pensamento contempla uma crítica ao iluminismo e sua epistemologia, bem como percebe os ganhos que a pós-modernidade apresenta para a ciência de forma geral e, para a teologia de maneira específica. Não obstante, ele faz também sérias críticas a uma religiosidade pós-moderna que cai na sedução da "evasão esotérica e descomprometida, em um apersonalismo que tende a regressar às limitações de uma religião meramente cósmica e natural. Nesse caso, se perderia o melhor da modernidade, convertendo-se em restrição que desativa o irrenunciável desse processo contra a injustiça". *Ibid.*, p. 116.

288 *Ibid.*, p. 112.

Tornando ainda mais específicas as suas considerações sobre a pós-modernidade em sua relação com a religião, sobretudo no sentido de afirmar o primado da experiência, A. T. Queiruga afirma que a "pós-modernidade 'religiosa', partindo dessa abertura, se difrata em múltiplas formas, em busca de uma vivência de fraternidade que abrace todo o real e leve a uma experiência atual do Absoluto".[289]

Enfrentando mais propriamente o primeiro passo da relação experiência/teologia, a saber: da centralidade da experiência para a teologia da revelação partiremos de uma discussão de teologia fundamental e de experiência no horizonte pós-moderno, daremos o contorno da experiência em face da revelação de Deus e, como passagem ao segundo passo acima enunciado (Encarnação como ápice da centralidade da experiência para a teologia da revelação) trabalharemos a dimensão holística e relacional tão íntimas do dístico experiência/revelação.

"A crise da razão é a consciência da irracionalidade gigantesca dessa mesma razão".[290] Dessa forma João Batista Libanio introduz uma interessante reflexão sobre a Teologia Fundamental[291] no contexto desafiante da pós-modernidade. Foi no interior da própria modernidade, com sua tendência à extrema especialização,[292] que o conceito de razão

---

289 *Ibid.*, p. 116.

290 LIBANIO, J. Batista. *Desafios da pós-modernidade à teologia fundamental*. Em: TRASFERETTI, José & GONÇALVES, Paulo Sérgio. *Teologia na pós-modernidade. Abordagens epistemológica, sistemática e teórico-prática*. São Paulo: Paulinas, 2003, p. 163.

291 J. B. Libanio já havia escrito uma importante obra sobre Revelação, só que em franco diálogo com a Modernidade. LIBANIO, J. Batista. *Teologia da revelação a partir da Modernidade*. São Paulo: Loyola, 1992. Nessa obra o autor destina dois capítulos para refletir sobre a relação experiência/teologia, pp. 195-248.

292 LIBANIO, J. Batista. *Desafios da pós-modernidade à teologia fundamental.* p. 163.

forte começou a ruir. No lugar de tal razão forte, surgiu um princípio de enfraquecimento da razão[293] que elevou a experiência à condição primordial em relação à teologia da revelação.

Nesse sentido J. B. Libanio afirma: "Um caminho viável sugere partir das experiências significativas das pessoas, explicitando-as para elas mesmas. E de dentro delas mostrar como a revelação vem responder concretamente a elas".[294] Diante disso a teologia se vê frente a uma tarefa inalienável: ajudar homens e mulheres no discernimento de suas experiências, contribuindo para a nomeação e esclarecimento de um universo plural de sinais férteis da presença de Deus.

A desafiante tarefa teológica consiste, portanto, em contribuir no processo de discernimento das experiências efetivamente feitas por homens e mulheres dentro de seus mais variados lugares culturais. Essa contribuição, contudo, não o será em toda a sua espessura se não for realizada a partir de dentro mesmo dos mundos onde habitam esses e essas que são os verdadeiros protagonistas da recepção da presença divina. J. B. Libanio descreve as características desses lugares culturais pós-modernos onde a recepção da presença de Deus é experimentada.

Tanto mais pertinente parece tal caminho quanto mais se percebe que crescem nas pessoas o interesse, a sensibilidade e gosto pelos símbolos, pelos sinais, pela beleza e pela estética [...]. A beleza e a força significativa dos sinais tocam mais profundamente a geração pós-moderna. Uma teologia fundamental para tal momento cultural requer agilidade mental em que a alusão, a insinuação, o jogo simbólico, a beleza das reflexões superem uma racionalidade lógica cada vez mais inacessível.[295]

---

293 *Ibid.*, 162.

294 *Ibid.*, p. 165.

295 *Ibid.*

A moldura epistemológica necessária para contornar esse cenário teológico e existencial deve compor-se de uma sensibilidade adequada a tal cenário. Urge, portanto, uma superação de molduras que tão bem enquadraram cenários passados, mas que agora só fazem distorcer a percepção do horizonte novo que se apresenta. Uma nova racionalidade que possibilite à teologia ler nas experiências humanas, experiências de Deus. J. B. Libanio faz uma importante consideração a esse respeito. Ele afirma que "quando, porém, se entra pelo campo dos símbolos, da estética, não se renuncia à razão, mas trabalha-se com outra dimensão da racionalidade, cujo acesso não depende dos conhecimentos racionais sofisticados e inacessíveis, e sim de outra fonte".[296]

O lugar onde a teologia é pensada e proposta sofre um radical deslocamento.[297] Ela e seus processos são deslocados para o interior das comunidades, onde não interessam tanto formulações teóricas sobre a fé, mas, antes, narrativas de experiências da presença de Deus veiculadas por sinais e símbolos próprios de tais universos. Narrar as próprias experiências: esse é o processo catequético próprio de uma racionalidade pós-moderna. Cabe a teologia, como "irmã mais velha", contribuir a partir do depósito das muitas tradições, no discernimento de tal dinâmica catequética a fim de que esta seja consequente com a fé cristã em suas múltiplas expressões.

Esse novo lugar que a teologia é convidada a habitar tem como atmosfera própria a experiência. É a partir e de dentro dela que se quer ousar nomear a presença do real que a todos envolve. Na experiência da presença do real assumimos o risco de chamá-lo Deus. Tal atitude se constitui num risco porque o desafio de nomear Deus pode

---

[296] *Ibid.*, p. 166.
[297] LIBANIO, J. Batista. *Desafios da pós-modernidade à teologia fundamental.* p. 169.

degenerar na tentativa de defini-lo, incorrendo dessa forma na mais radical idolatria.[298]

Neste sentido, precisar um pouco mais os contornos da experiência[299] em face à nomeação da revelação do real se faz necessário. Uma vez que já estabelecemos tanto uma conceituação filosófica

---

[298] Acerca desse risco Paul Tillich adverte:

> "Deus" é símbolo para Deus. Isso significa que precisamos distinguir dois elementos em nossa concepção de Deus: uma vez que o elemento incondicional, que se manifesta na experiência imediata e em si não é simbólico, e por outro lado o elemento concreto, que é obtido de nossa experiência normal e é simbolicamente relacionado com Deus [...], "deus" é símbolo de Deus. Nesse sentido Deus é o conteúdo próprio e universalmente válido da fé. TILLICH, Paul. *Dinâmica da fé*. 6ª edição. São Leopoldo: Sinodal, 2001. pp. 33-34.

[299] Michel Meslin em seu livro *A experiência humana do divino. Fundamentos de uma antropologia religiosa*, faz uma importante distinção do conceito de experiência que pode ser muito útil para nossa discussão. Ele apresenta tal questão nos seguintes termos:

> A língua portuguesa apresenta nesse ponto uma lacuna que não lhe permite distinguir entre o que é apreendido, percebido, conhecido pelo sujeito através de uma experiência que lhe é pessoal e que poderíamos qualificar de experimental, daquilo que é experimentado, quer dizer, conhecido pela observação repetida e controlada dos fatos renovados. Uma tal distinção indispensável para a análise da experiência religiosa, como veremos, é, ao contrário, bem destacada pela dupla expressão germânica *Erfahrung/Erlebnis*: o primeiro termo designa um conhecimento derivado de uma prática, o segundo qualquer evento ou fato vivido e experimentado por uma pessoa.
>
> A importância dessa distinção é evidente, pois o simples fato de viver uma experiência leva o sujeito a se apropriar de seu conteúdo, porque aquilo que ele experimenta vivendo se torna nele experiencial. MESLIN, Michel. *A experiência humana do divino. Fundamentos de uma antropologia religiosa*. Petrópolis: Vozes, 1992. p. 86.

acerca da experiência, quanto uma descrição de sua importância para a percepção da presença do Sagrado no escopo da fenomenologia da religião, cabe-nos ainda a tarefa de tracejar os contornos da experiência no interior da teologia e, daquilo que lhe é próprio. Para tanto recorreremos a discussão proposta por Gerald O'Collins em sua obra *Teologia fundamental*, especificamente no segundo capítulo intitulado *A experiência humana*.[300]

G. O'Collins, tratando da experiência em si,[301] estabelece um conjunto de características próprias em face à sua relação com a teologia. Em primeiro lugar toda a experiência tem um significado,[302] ou seja, há uma comunicação de sentido àqueles que fazem uma experiência de Deus. Essa primeira característica aponta para a profundidade que tal evento produz na existência humana. Ao contrário do que por vezes é dito, a experiência não é "epidérmica", ou ao menos não o é somente. Por se dar em íntimo contato com nossa dimensão empírica ela não está fadada à fugacidade. Há efetivamente um sentido intrínseco e profundamente dado numa experiência de Deus.

Marcando a incidência profunda e espessa que a experiência gera na existência humana, G. O'Collins salienta sua não redução ao exclusivamente efêmero afirmando que "podemos esperar que o mundo e nossas experiências façam sentido, contanto que não insistamos num sentido simples e imediato".[303] Nesse sentido, é como se a experiência humana de Deus ecoasse desde o íntimo daquele que a faz reverberando sua ação e influxo para todas as dimensões da existência humana. O sentido de

---

300   O'COLLINS, Gerald. *Teologia fundamental*. São Paulo: Loyola, 1991, pp. 47-70.

301   *Ibid.*, p. 54.

302   *Ibid.*, p. 55.

303   *Ibid.*

tal experiência vai se afirmando e, sendo percebido, à medida que em tais dimensões dessa experiência vai sendo reconhecida e acolhida.

Esse processo de afirmação de sentido que surge de experiência de Deus feita nos contornos da existência humana tem uma teleologia. G. O'Collins identifica tal finalidade como a segunda característica da experiência em sua relação com a teologia. Ele afirma que "toda experiência traz consigo um certo propósito ou finalidade. Leva-nos em alguma direção".[304] No escopo da teologia da revelação a finalidade de uma experiência de Deus deve ser consequente com o próprio revelado experimentado. Ou seja, a teleologia deve encontrar consonância com a teologia, recebendo desta os elementos para seu discernimento. G. O'Collins exemplifica essa segunda característica da seguinte forma: "A experiência do amor genuíno torna-se enriquecedor do outro, e pessoalmente enriquecedor".[305]

Experimentar o amor é mover-se na dinâmica do próprio amor. Isso dá o peso e concretude da experiência, ajudando a corrigir possíveis reduções fugazes e epidérmicas. G. O'Collins identifica nessa dimensão de concretude a terceira característica da experiência. "A experiência não é nada se não for concreta".[306] Sua espessura e historicidade evidenciam-se exatamente aí. Não há espaço para abstrações "puras", para racionalizações aprioristicas, ou recursos a formulações axiomáticas fundadas sobre recursos metafísicos. Uma teologia da revelação nesse acento da experiência não pode ser pensada em geral, porque "não existem experiências em geral".[307] "Uma experiência de Deus [...] só

---

304 *Ibid.*

305 *Ibid.*

306 *Ibid.*, p. 56.

307 *Ibid.*

ocorre em momentos particulares, em lugares particulares e com pessoas particulares".[308]

Em quarto lugar G. O'Collins menciona como importante característica da experiência uma abertura ao novo, ao inédito, ao não ordinário. Ele menciona como os teóricos que tratam dessa temática utilizam o recurso da linguagem para expressar o surpreendente que se mostra numa experiência. Expressões como "experiência-ápice",[309] "situações-limite"[310] ou "experiência-limite"[311] revelam que "a experiência sugere prontamente algo de novo ou inesperado, que deixa a sua marca no sujeito, e o abre para outras experiências no futuro".[312] Em suma, conclui G. O'Collins: "A experiência genuína transcende as nossas previsões".[313]

Outro autor que pode ajudar na compreensão da importância da experiência em relação à teologia da revelação é Raimon Panikkar, especificamente em sua obra *Ícones do mistério. A experiência de Deus*.[314] No âmbito da reflexão sobre o risco de nomear o real, chamando-o Deus, intrinsecamente presente no ato da experiência, R. Panikkar começa por advertir que "tudo o que se possa dizer com estrita racionalidade da experiência de Deus é idolatria".[315] A experiência de Deus é um ato

---

308   *Ibid.*
309   *Ibid.*
310   *Ibid.*
311   *Ibid.*
312   *Ibid.*
313   *Ibid.*
314   PANIKKAR, Raimon. *Ícones do mistério. A experiência de Deus*. São Paulo: Paulinas, 2007.
315   *Ibid.*, p. 75.

do ser humano, portanto, não está para a compreensão de uma única dimensão deste, mesmo sendo esta a própria razão. Ela só pode ser percebida em sua espessura se colocada para a integralidade do humano, inclusive para sua dimensão mistérica.

É exatamente essa amplitude da espessura do real que nomeamos tão particularmente de Deus, que possibilita-nos ser inteiramente humanos. A experiência de Deus reclama nossa humanidade inteira, por isso, somente diante dela podemos nos afirmar como inteiramente humanos. "O ser humano chega a ser plenamente humano quando faz a experiência de seu último 'fundamento', do que realmente é".[316] Por ser uma experiência que reclama a inteireza do humano, ela é constitutivamente relacional. De forma bastante clara R. Panikkar afirma que "sem os laços que nos unem com toda a realidade não podemos ter experiência de Deus".[317]

A experiência de Deus é a raiz de toda experiência. É a experiência em profundidade de todas e cada uma das experiências humanas: do amigo, da palavra, da conversa. É a experiência subjacente a toda experiência humana: dor, beleza, prazer, bondade, angústia, frio... subjacente a toda experiência no tanto que nos descobre uma dimensão de infinito, não finito, "*in*-acabado". Subjacente a toda experiência e, portanto, não suscetível a ser completamente expressa em qualquer ideia, sensação ou sentimento.[318]

Da experiência Deus surge então a possibilidade da experiência plena do humano. Nela está a fonte para a relacionalidade que é constitutiva do humano humanizado.

---

316 *Ibid.*, p. 76.
317 *Ibid.*, p. 77.
318 *Ibid.*, pp. 77-78.

Mesmo já tendo delineado os contornos da experiência de Deus em perspectiva teológica, fica restando ainda uma tarefa importante no processo de especificação de nossa temática. É preciso perguntar pelos critérios que nos possam permitir identificar com alguma clareza as diferenças entre experiência teológica, das demais formas de experiência do Sagrado.[319] Para isso é preciso explicitar o que até aqui esteve implícito ao longo de toda exposição desse tópico: falamos de experiência teológica cristã.

O ponto apical da centralidade da experiência para a teologia da revelação em perspectiva cristã se expressa na encarnação. Nela a experiência de Deus ganha sua inalienável topografia: a concretude da existência de homens e mulheres situados em seus múltiplos e respectivos contextos. E ainda, tal experiência encontra sua irredutível expressividade relacional, que em última análise é quem a qualifica como experiência de Deus (assumindo tal nomeação a partir do que nos foi dado a conhecer pela vida de Jesus, o Cristo).

A experiência cristã de Deus é uma experiência da encarnação. Isso é o que nos pode revelar a vida de Jesus, o Cristo. Sendo ele o próprio Deus encarnado, vive numa condição radicalmente marcada por tal encarnação: quer do ponto de vista geográfico, religioso, cultural ou existencial. Deus encarnando-se se autodelimita e delimita-nos, apresentando o *modus operandi* para a articulação teológica da experiência cristã de Deus: a lógica da encarnação. Aqui se encontra o coração do

---

319 H. C. de Lima Vaz faz uma importante distinção entre experiência religiosa (experiência do Sagrado) e experiência de Deus (experiência de Sentido). Há claramente um corte, uma delimitação, que faz da experiência de Deus uma experiência com certa especificidade. VAZ, Henrique C. de Lima. *Escritos de filosofia. Problemas de fronteira.* São Paulo: Loyola, 1986. pp. 248-253.

mistério feito história e, a pedagogia para viver tal história como única e só história. Refletindo sobre tal especificidade da experiência cristã de Deus, L. Boff afirma que:

> *No cristianismo articulou-se a experiência do mistério como história do mistério. O sentido não ficou "di-fuso", "pro-fuso" e "con-fuso" dentro da realidade. Ele armou tenda entre nós e se chamou Jesus Cristo (cf. Jo 1,14). O mistério é tão radicalmente mistério que pode, sem perder sua identidade, fazer-se carne e história. Ele pode subsistir totalmente num outro diferente dele. Se assim não fora, não mostraria sua onipotência nem seu caráter de mistério. Então, sendo vida, ele pode morrer. Fazendo-se morte, ele pode viver. Ele pode, sendo impalpável, fazer-se impalpável; sendo invisível, fazer-se visível; sendo criador, fazer-se criatura.*[320]

Essa não "di-fusão, pro-fusão e con-fusão" do mistério presente em meio a nós se realiza porque há uma existência concreta que abriga tal mistério. A encarnação confere os contornos, a concretude da presença de Deus. E é exatamente isso que nos permite nomeá-lo. Se nos é possível falar de Deus em perspectiva cristã, só podemos fazê-lo de forma crística. Isso significa dizer que:

> *A experiência cristã de Deus é uma experiência da presença do sentido radical numa existência historicamente dada, a existência de Jesus e na palavra da revelação que é totalmente condicionada por essa existência histórica na medida em que dela procede e a ela se refere.*[321]

---

320 BOFF, Leonardo. *Experimentar Deus. A transparência de todas as coisas.* 3ª edição. Campinas: Verus, 2002. p. 106.

321 VAZ, Henrique C. de Lima. *Escritos de filosofia. Problemas de fronteira.* São Paulo: Loyola, 1986. p. 253.

Da dimensão de concretude legada à experiência cristã de Deus, surge como "outra face da moeda" a dimensão relacional. Se com a primeira experiência cristã de Deus ganha seu contorno, com a segunda ela ganha sua profundidade. Não é possível conceber a presença de Deus em Jesus, o Cristo, sem que se afirme a lógica relacional, ou intersubjetiva. A teologia cristã quando se propõe nomear o real a partir de Jesus não pode, sob pena de perder completamente, decair num esquema racionalista de sujeito/objeto. Se fizer isso a teologia tratará a revelação somente como pauta doutrinária, devendo ser acessada exclusivamente pelas normas da razão, tanto nas metodologias especulativas, quanto nas apologéticas. Ambas, porém, subjugadas ao mesmo princípio de uma razão estreita. Nesse caso o real nomeado Deus não é mais que um objeto descritível.

Falando acerca de uma teologia cristã da revelação como encontro entre sujeitos, Roger Haight[322] apresenta importantes considerações sobre a dimensão relacional de tal evento. Ele afirma: "Não se trata de uma operação dedutiva que argumenta com base na personalidade de Deus, e sim de uma fenomenologia da experiência da revelação cristã que responde pela crença segundo a qual Deus é pessoal".[323] A encarnação não permite menos que isso, ela é a radicalização da pessoalidade de Deus. Nesse sentido "a revelação cristã não se afigura como conhecimento a respeito de Deus como de um objeto, nem mesmo como conhecimento de uma pessoa transcendente. A revelação cristã assume antes a forma de um encontro pessoal com um sujeito divino".[324]

---

322 HAIGHT, Roger. *Dinâmica da teologia*. São Paulo: Paulinas, 2004, pp. 89-107.
323 *Ibid.*, p. 94.
324 *Ibid.*

A encarnação reclama a relação, e esta, por sua vez, afirma a experiência como expressão privilegiada. O real nomeado corajosamente pela teologia cristã como Deus, em sua plena revelação que é Jesus, o Cristo, não permite à teologia menos que comunicação intersubjetiva. Deus não está para a teologia como um conceito a ser apreendido, antes como um sujeito que a desafia a uma relação. "Deus é experimentado como sujeito, de tal sorte que o contato ou percepção humana de Deus não pode ser um conhecimento acerca de Deus como de um objeto".[325] "Na revelação cristã, Deus é experimentado como eu pessoal".[326]

Em termos da teologia cristã, falar sobre experiência de Deus é assumir os riscos de nomeá-lo, e isso constitui-se numa urgente compreensão responsável e ampliada da teologia da revelação. Tratar essa última sem atentar para os critérios crísticos colocados pela encarnação e a relacionalidade dela derivada, significa cair na armadilha de tal nomeação: objetivação do real e consequente idolatria. Falar de Deus a partir da perspectiva cristã precisa ser sempre um falar situado como exige a encarnação e, intersubjetivo como propõe a radical pessoalidade do encarnado. Nas palavras de R. Haight "o conteúdo positivo da revelação, portanto, é influenciado e determinado pelo meio que medeia a experiência da presença e da iniciativa de Deus. No caso da revelação cristã, Jesus é seu meio histórico central".[327]

---

325 *Ibid.*, p. 95.

326 *Ibid.*

327 *Ibid.*, p. 97.

Conclusão

O raciovitalismo, como expressão de racionalidade aberta, integra a realidade humana em sua inteireza no processo de conhecimento da realidade. Essa foi sem dúvida a principal questão desse capítulo. Somente um paradigma epistemológico abrangente como o raciovitalismo é capaz de abarcar holisticamente a realidade, rompendo dessa forma a estreiteza da razão moderna, sobretudo em sua radicalização máxima: o racionalismo.

Contudo, a afirmação do raciovitalismo esteve a serviço, como uma estrutura que dá suporte, à afirmação da experiência como possibilidade adequada de percepção da realidade no horizonte cultural pós-moderno. Rompendo a lógica dualista *res cogitans* e *res extensa*, o ser humano é reintegrado em sua corporeidade e espiritualidade podendo perscrutar o real com a totalidade daquilo que é.

Importante também foi perceber os diferentes lugares teóricos que a experiência pode ocupar como elemento epistemológico e, os vários níveis de discurso sobre o real derivado de cada um deles. Experiências nas perspectivas filosófica, fenomenológica e teológica, guardam peculiaridades complementares – mesmo que uma complementaridade em tensão – que aprofundadas podem ajudar na percepção do transfundo da realidade, a saber: o real.

Parte 3

Gianni Vattimo e suas contribuições para a filosofia da religião

Introdução: formação e itinerário intelectual de Gianni Vattimo

Gianni Vattimo[328] nasceu em Turim em 1936. Estudou Filosofia na Universidade de Turim onde foi aluno de Luigi Pareyson laureando-se em 1959, posteriormente fez cursos na Universidade de Heidelberg onde foi aluno de Hans-Georg Gadamer,[329] do qual traduziu para o italiano a célebre obra *Verdade e método*, com Karl Löwith. Especialmente L. Pareyson e H. G. Gadamer exerceram importante influência na formação de G. Vattimo.[330] Em 1964 começou a docência na Faculdade de Letras e Filosofia de Turim,

---

328   Para uma biografia mais completa há a própria autobiografia que G. Vattimo escreveu junto com Piergiorgio Paterlini. VATTIMO, Gianni & PATERLINI, Piergiorgio. *Non Essere Dio. Un'Autobiografia a Quattro Mani*. Milano: Aliberti Editori, 2006.

329   REALE, Giovanno & ANTISERI, Dario. *História da filosofia, vol. 6: de Nietzsche à Escola de Frankfurt*. São Paulo: Paulus, 2006, p. 281.

330   TEIXEIRA, Evilázio. *Vattimo*. Em: PECORARO, Rossano (Org.). *Os filósofos. Clássicos da filosofia, vol. 3, de Ortega y Gasset a Vattimo*. Petrópolis: Vozes, 2009, pp. 376-377.

da qual foi seu decano por duas vezes (1976-1980 e 1982-1984).[331] Ali também foi catedrático de Estética e, desde 1982 é catedrático de Filosofia Teórica.[332]

Sua atividade filosófica está claramente influenciada pelo pensamento de Nietzsche e Heidegger.[333] Foi professor visitante das Universidades norte-americanas de Yale, Los Angeles, New York University e State University de Nova York. Doutor *Honoris causa* das Universidades argentinas de Palermo e *La Plata* e vice-presidente da Academia da Latinidade. Colaborador de diversos diários italianos, entre eles *La Stampa, La Repubblica, L'Unità e El País*.[334]

Sua biografia, além da atividade intelectual, está marcada também pela participação política, que teve suas primeiras expressões na militância religiosa. Primeiro como líder de movimentos sociais católicos, depois como membro do Partido Radical; posteriormente, na Aliança por Turim, e, por último, entre os Democratas de Esquerda no Parlamento Europeu.[335]

---

331 *Ibid.*, p. 376.

332 VATTIMO, Gianni. *La Tentazzione del Realismo*. (Conferência proferida no Instituto Italiano de Cultura do Rio de Janeiro em 2000. Traduzido por Reginaldo Di Piero). *A tentação do realismo*. Rio de Janeiro: Lacerda Editores, 2001. p. 48.

333 Tal influência se mostra em diversas obras suas, contudo, merece destaque *As aventuras da diferença. O que significa pensar depois de Heidegger e Nietzsche. 1980.*

334 TEIXEIRA, Evilázio. *Vattimo*, p. 376.

335 Num opúsculo autobiográfico G. Vattimo descreve da seguinte forma sua trajetória política:

> A minha inspiração religiosa-política inspirou uma filosofia atenta aos problemas da sociedade. O meu é um "pensamento fraco" que pensa a história da emancipação humana como uma progressiva redução

Entre suas obras destacam-se as seguintes: *Schleiermacher, filósofo da interpretação* (1968); *As aventuras da diferença. O que significa pensar depois de Nietzsche e Heidegger* (1980); *O fim da modernidade. Niilismo e hermenêutica na cultura pós-moderna* (1985); *O pensamento débil* (com Rovatti, Pier Aldo, eds.), (1983); *O sujeito e a máscara* (1974); *Em torno da pós-modernidade* (Org.) (1990); *A sociedade transparente* (1989); *Ética da interpretação* (1991); *Acreditar em acreditar* (1996); *Para além da interpretação* (1995); *Depois da cristandade. Por um cristianismo não religioso (*2002); *A religião* (com Jacques Derrida, eds.) (1996); *O futuro da religião: solidariedade, caridade e ironia* (com Richard Rorty) (2004).

Sua proposta teórica[336] procura uma interpretação do mundo pós-moderno, nas formas de secularização, na evolução dos regimes democráticos, no pluralismo e na tolerância. Fiel a sua primeira formação

---

da violência e dos dogmatismos e que favorece a superação daquelas estratificações sociais que dela derivam.

Com a vontade de lutar contra esses aspectos da realidade me engajei na política partidária, primeiro no seio do *Partido Radicale*, em seguida na *Alleanza per Torino* e depois na vitoriosa campanha do Ulivo de quem sou um consciente defensor, reconhecendo hoje nos *Democratici di Sinistra* o lugar onde conduzir as minhas batalhas. VATTIMO, Gianni. *A tentação do realismo*. Rio de Janeiro: Lacerda Editores, 2001. p. 49.

336 Sobre o pensamento de G. Vattimo há em português um bom número de artigos e coletâneas. Contudo merecem destaque duas obras inteiramente dedicadas ao filósofo turinense: PECORARO, Rossano. *Niilismo e (pós)modernidade. Introdução ao "pensamento fraco" de Gianni Vattimo*. São Paulo: Loyola. Rio de Janeiro: Editora PUC-Rio, 2005. (Nessa obra consta posfácio do próprio Gianni Vattimo). SCOPINHO, Sávio Carlos Desan. *Filosofia e sociedade pós-moderna. Crítica filosófica de G. Vattimo ao pensamento Moderno*. Porto Alegre: EDIPUCRS, 2004.

religioso-política,[337] em seu livro *Acreditar em acreditar*[338] G. Vattimo reivindica para seu próprio pensamento o *status* de "filosofia cristã para a pós-modernidade".[339] Para ele a "herança cristã"[340] sempre presente na cultura Ocidental, mas obnubilada pelo racionalismo moderno,[341] é o transfundo da cultura pós-moderna. Em perspectiva autobiográfica G. Vattimo afirma:

> *Falo de herança não só porque, na minha experiência pessoal, a adesão à mensagem cristã é uma coisa do passado que num certo momento da minha vida se atualizou através da reflexão sobre os fatos e as transformações teóricas de que falei até aqui. Creio que se deve falar de herança cristã num sentido muito mais vasto, que diz respeito à nossa cultura em geral, a qual se tornou aquilo que é também e, sobretudo, porque foi intimamente "trabalhada" e forjada pela mensagem cristã ou, mais genericamente, pela revelação bíblica.*[342]

A pós-modernidade marca a superação da modernidade dirigida pelas concepções unívocas dos modelos fechados, das grandes verdades,

---

337 Nos anos cinquenta G. Vattimo foi dirigente dos estudantes católicos italianos e participou ativamente no debate sobre a "abertura à esquerda" que acabou levando-o a deixar a Ação Católica e fundar um grupo político dedicado a Emmanuel Mounnier. (VATTIMO, Gianni. *A tentação do realismo.* pp. 47-48).

338 VATTIMO, Gianni. *Credere di Credere.* Milano: Garzanti Editore, 1996. Vamos utilizar a tradução para o português, VATTIMO, Gianni. *Acreditar em acreditar.* Lisboa: Relógio D'Água Editores, 1998.

339 *Ibid.*

340 *Ibid.*, pp. 23-28.

341 *Ibid.*, p. 17.

342 *Ibid.*, p. 23.

de fundamentos consistentes, da história como pegada unitária do acontecer. A pós-modernidade abre o caminho, segundo G. Vattimo, à tolerância, à diversidade. É a passagem do pensamento forte, metafísico, das cosmovisões filosóficas universais, das crenças verdadeiras, ao pensamento fraco, a uma ontologia fraca. Tal proposição do filósofo de Turim, segundo ele mesmo, só é possível em função da herança cristã presente em nossa cultura. Nesse sentido ele nota a "relação entre filosofia (pensamento débil)[343] e mensagem cristã"[344] e afirma sobre tal relação: "eu só consigo pensar em termos de secularização, isto é, no fundo, em termos de debilitamento, ou seja, de encarnação".[345]

Reforçando ainda mais a importância da encarnação como princípio de toda secularização G. Vattimo afirma: "O termo secularização continua a ser, todavia, central, na minha opinião, porque sublinha o significado religioso de todo o processo. É isto que entendo quando digo que a ontologia débil é uma transcrição da mensagem cristã".[346] É exatamente nessa perspectiva, onde ontologia fraca se identifica com a mensagem cristã, que se afirma a importância do *pensiero debole* como categoria capaz de amparar e traduzir a experiência do Deus que se revela (que se revela sempre num horizonte histórico-cultural determinado).

No sentido de evidenciar o pensamento de G. Vattimo como constitutivo do horizonte hermenêutico apropriado para uma reflexão

---

343 O conceito Pensiero debole, central no pensamento de G. Vattimo neste livro, sofre algumas variações em função das várias traduções. Como já afirmamos anteriormente (capítulo 1.1 - Discussões conceituais sobre pós-modernidade) assumimos o termo como aparece em alguns especialistas, a saber: pensamento fraco. Qualquer ocorrência diferente desta é em função ao respeito à tradução utilizada.

344 VATTIMO, Gianni. *Acreditar em acreditar*. Op. cit., p. 27.

345 *Ibid.*

346 *Ibid.*, p. 34.

acerca da teologia da revelação, sobretudo no que diz respeito à experiência que homens e mulheres culturalmente situados podem fazer com o Deus *revelatus*, é que procederemos na tarefa de sistematizar algumas categorias do pensamento vattimiano, dispondo-as segundo a aproximação imposta por nossa tese. Para tanto percorreremos o seguinte trajeto: a centralidade da categoria nietzscheana "morte de Deus" como plurifontização dos *loci theologici;* o *pensiero debole* como afirmação de uma epistemologia para a pós-modernidade; a kenosis como veículo introdutório da teologia no diálogo com a filosofia pós-moderna; a *caritas* como expressão prática do *pensiero debole*.

1- Pós-modernidade: o horizonte teórico-existencial de Gianni Vattimo

> *Derrubada a ideia de uma realidade central da história, o mundo da comunicação generalizada explode como uma multiplicidade de racionalidades "locais" - minorias étnicas, sexuais, religiosas, culturais ou estéticas – que tomam a palavra, finalmente já não silenciadas e reprimidas pela ideia de que só exista uma única forma de verdadeira humanidade a realizar, com prejuízo de todas as peculiaridades, de todas as caracterizações limitadas, efêmeras, contingentes.*[347]

Gianni Vattimo, em consonância com Jean François Lyotard,[348] está convencido de que a modernidade chegou ao seu fim, e esse fim

---

347 VATTIMO, Gianni. *La Societá Transparente*. Turin: Garzanti Editore,1989. Trabalharemos com a tradução para o português de Portugal de Hossein Shooja e Isabel Santos: *A sociedade transparente*. Lisboa: Relógio D'água, 1992. p. 14.

348 Um dos primeiros filósofos a discutir a pós-modernidade. Importante nesse sentido é sua obra *La Condition Posmoderne*.

se justifica, em primeiro lugar, a partir daquilo que ele chama de *fim da história,* que vem a significar o fim do conceito moderno de uma história unificada e em progresso contínuo.

> *Com o passar dos séculos, tornar-se-á cada vez mais evidente que o culto do novo e do original na arte se liga em uma perspectiva mais geral que, como sucede na época do Iluminismo, considera a história humana como um progressivo processo de emancipação, como a cada vez mais perfeita realização do homem ideal (...). Se a história tem esse sentido progressivo, é evidente que terá mais valor aquilo que é mais "avançado" em termos de conclusão, aquilo que está mais perto do final do processo.*[349]

E conclui:

> *No entanto, a condição para conceber a história como realização progressiva da humanidade autêntica, é que se possa vê-la como um processo unitário. Só se existir a história é que se pode falar de progresso. Pois bem, a modernidade, na hipótese que proponho, termina quando – por muitas razões – já não parece possível falar de história como qualquer coisa unitária.*[350]

G. Vattimo identifica a emergência da "sociedade de comunicação" generalizada[351] como um dos mais fortes elementos da visibilização do fim de um conceito de história unificada e progressiva próprio da modernidade. Ele propõe aquilo que identificou como "sociedade transparente"[352] para identificar esse momento. Como ele mesmo

---

349 VATTIMO, Gianni. *A sociedade transparente.* p. 8.

350 *Ibid.*

351 VATTIMO. Gianni. *Posmodernidad: uma Sociedad Transparente?* p 9. *In* Gianni Vattimo y Otros. *En Torno a la Posmodernidad.* Barcelona: Anthropos Editorial, 2003.

352 Gianni Vattimo expõe sua tese sobre a sociedade transparente em seu livro *La*

afirma: "Como se terá observado, a expressão 'sociedade transparente' é aqui introduzida em termos interrogativos".[353] Para G. Vattimo a sociedade transparente se manifesta da seguinte forma:

a) No nascimento de uma sociedade pós-moderna um papel determinante é desempenhado pelos *mass media*;[354]

b) Estes caracterizam esta sociedade não como uma sociedade mais "transparente", mais consciente de si, mais "iluminada", mas como uma sociedade mais complexa, até caótica;[355]

c) É precisamente neste relativo "caos" que residem as nossas esperanças de emancipação.[356]

Essa emancipação possibilitada pela pluralização de acessos ao mundo plural das tradições, evidencia a multiplicidade com que a história pode ser abordada, denunciando toda tentativa universalista e totalizadora própria da tendência metafísica característica da modernidade. G. Vattimo considera que as "grandes histórias",[357] que

---

Societá Transparente de 1989. obra que estamos utilizando a partir de sua tradução para o português de Portugal com o título *A sociedade transparente*. Lisboa: Relógio D'água, 1992. Também na obra coletiva organizada por Vattimo *En Torno a la Posmodernidad*. Barcelona: Anthropos Editorial, 2003. Nosso autor trabalha esse tema num capítulo intitulado *Posmodernidad: una sociedad transparente?* pp.9-19.

353 VATTIMO, Gianni. *A sociedade transparente*. P. 10.
354 *Ibid.*
355 *Ibid.*
356 *Ibid.*
357 LYOTARD, Jean François. *La Condition Posmoderne*. Paris, Editions Minuit.

legitimavam os discursos universais da modernidade e que sustentavam uma mentalidade "metafísica" e "fundacional" começaram a sucumbir diante da sociedade de comunicação.

> Estes meios – jornais, rádio, televisão, em geral o que se chama hoje em dia de telemática – foram determinantes no processo de dissolução dos pontos de vista centrais, daqueles que um filósofo francês, Jean François Lyotard, designa como grandes narrativas.[358]

Essa dissolução de grandes narrativas legitimadoras tem para G. Vattimo um evento originante: a "desfundamentalização" da realidade anunciada na "morte de Deus" proclamada por Friedrich Nietzsche.[359] Para G. Vattimo na passagem do moderno ao pós-moderno, há uma mudança de epistemologia: do "pensamento forte" para um "pensamento fraco".[360] Por pensamento forte (ou metafísico) G. Vattimo

---

Utilizaremos a terceira edição da tradução desta obra para o português de Portugal feita por José Navarro: LYOTARD, Jean François. *A condição pós-moderna*. Lisboa: Gradiva Publicações. 2003.

358 VATTIMO, Gianni. *A sociedade transparente*. p. 11.

359 NIETZSCHE, Friedrich. *A gaia ciência*. São Paulo: Companhia das Letras, 2001. No aforisma 125 dessa obra de Nietzsche, ele - considerado por Vattimo um "profeta" da pós-modernidade - afirma: "Para onde foi Deus? gritou ele, já lhes direi! Nós o matamos – vocês e eu. Somos todos seus assassinos!", p. 147.

360 Pensamento fraco é a tradução do conceito proposto por Gianni Vattimo que em italiano é apresentado como *pensiero debole*. Sobre a correta tradução dessa expressão há um debate. Alguns a traduzem por "pensamento débil" ou "pensamento frágil", outros, por "pensamento fraco". Julgamos mais adequada a tradução da expressão *pensiero debole* por "pensamento fraco", acompanhando assim Rossano Pecoraro que afirma: "Nesse sentido deve ser assinalado, à guisa de paradigmático

entende um procedimento político-cognitivo que fala em nome da verdade, e de toda a unidade, ou seja, de um tipo de pensamento ilusório criado para proporcionar "alicerces" para um conhecimento que queira se afirmar como absoluto. Sua característica mais forte consiste na "força que este sempre tem reivindicado para si em virtude de sua privilegiada capacidade de ascender ao ser como fundamento".[361] Por pensamento fraco (ou pós-metafísico) – doravante identificado como *pensiero debole* – ele entende um tipo de pensamento que significa tanto uma ideia do pensamento mais consciente dos seus limites, que abandona as pretensões das grandes visões metafísicas globalizantes, mas, sobretudo uma teoria do debilitamento como traço constitutivo do ser na época do fim da metafísica.[362] Delineando os contornos do *pensiero debole* G. Vattimo afirma:

---

exemplo, o equívoco no qual tem caído muitos dos tradutores e dos comentadores (tanto portugueses quanto brasileiros) ao traduzirem *pensiero debole* pelas expressões "pensamento débil" ou "pensamento frágil". PECORARO, Rossano. *Niilismo e (pós) modernidade. Introdução ao "pensamento fraco" de Gianni Vattimo*. Rio de Janeiro: Editora PUC-Rio & Edições Loyola. 2005, p. 10. Porém, mesmo concordando com a tradução "pensamento fraco", utilizaremos todas as vezes que não estivermos fazendo citações diretas de outros autores, a expressão como originalmente é proposta por Vattimo: *pensiero debole*.

361 VATTIMO, Gianni & ROVATTI, Aldo (edições). *Il Pensiero Debole*. Milano: Giangiacomo Feltrinelli Editore, 1995. Utilizaremos a tradução feita para o espanhol feita por Luis de Santiago, *El Pensamiento Débil*. 5ª edição. Madrid: Ediciones Cátedra. 2006, pp. 14-15.

362 VATTIMO, Gianni. *Credere di Credere*. Milão: Garzanti Editore, 1996. Utilizaremos a tradução para o português de Portugal feita por Elsa Castro Neves, *Acreditar em acreditar*. Lisboa: Editora Relógia D'água,1998, p. 25.

> *A expressão "pensamento débil" constitui, sem nenhuma dúvida, uma metáfora e um certo paradoxo. Porém em nenhum caso poderá transformar-se na sigla emblemática de uma nova filosofia. Se trata de uma maneira de falar provisória, e inclusive, talvez, contraditória, porém que assinala um caminho, uma direção possível: uma "lanterna" que se separa do que segue a razão-domínio, – traduzida e camuflada de mil modos diversos – porém sabendo que ao mesmo tempo que um adeus definitivo a essa razão é absolutamente impossível.*[363]

Juntamente com Friedrich Nietzsche, G. Vattimo dialoga também com Martin Heidegger no sentido de construir sua tese da "desfundamentalização" da realidade e de sua consequente noção da razão que é o *pensiero debole*. De Heidegger, G. Vattimo toma a categoria de "fim da metafísica".[364] Sobre a importância dessa categoria para a filosofia pós-moderna G. Vattimo afirma que: "O evento do 'fim da metafísica' tem, no pensamento de Heidegger, o mesmo sentido da morte de Deus: aqui também é o Deus moral que é '*überwunden*', superado, colocado de lado".[365]

G. Vattimo conclui afirmando que:

> *O que Heidegger chama de metafísica é, na verdade, a crença em uma ordem objetiva do mundo que o pensamento deveria conhecer para poder adequar tanto suas descrições da realidade quanto suas escolhas morais. Essa é uma crença que se esgota no momento em que se revela insustentável, e isto é o que acontece, falando em termos*

---

363 VATTIMO, Gianni & ROVATTI, Aldo. *El Pensamiento Débil*. p. 16.

364 Gianni Vattimo trabalha o pensamento de Martin Heidegger em algumas de suas principais obras: *La Fine Della Modernitá*. Milão: Garzanti Editore, 1985. *Dopo la Cristianitá*. Milão: Garzanti Editore, 2002. *Introduzione a Heidegger*. Roma-Bari: Laterza, 1971.

365 VATTIMO, Gianni. *Depois da cristandade. Por um cristianismo não religioso*. p. 22.

> *muito sumários e provocativos, com o surgimento do existencialismo do século XX.*[366]

Do existencialismo heideggeriano vem o conceito diretamente ligado às teses da "desfundamentalização" da realidade e do *pensiero debole*, a saber: a eventualidade do ser. "O mundo é um conjunto de instrumentos que se dá, e se torna utilizável para nós, através da linguagem, a 'morada do ser' ".[367] O ser não se dá como realidade estática, como um sempre dado. Antes, ele é à medida que se realiza na eventualidade da história por mediação da linguagem. G. Vattimo identifica esse "esquecimento do ser em benefício do ente" realizado no pensamento heideggeriano como resultado do esforço de ultrapassamento da metafísica.[368] Ele ainda afirma que "o único modo não metafísico, não objetivante, de se pensar o ser é, na opinião de Heidegger, aquele que o concebe não como estrutura objetivamente colocada perante os olhos da mente, e sim como evento, como acontecimento".[369]

Essa passagem do ser como estrutura para uma concepção do ser como evento,[370] estabelece novos contornos epistemológicos para a compreensão da racionalidade, sobretudo de como se apresentou essa racionalidade na modernidade, ou seja, acerca da razão instrumental. G. Vattimo é claro quando insiste em afirmar que hoje – a partir do pensamento de Nietzsche e Heidegger – "Ao dizer o 'ser', o distinguimos dos entes só quando o concebemos como acontecer histórico-cultural,

---

366   *Ibid.*

367   PECORARO, Rossano. *Niilismo e (pós)modernidade. Introdução ao "pensamento fraco" de Gianni Vattimo*. Rio de Janeiro: Editora PUC-Rio & Edições Loyola. 2005, p. 19.

368   VATTIMO, Gianni. *Depois da cristandade. Por um cristianismo não religioso.* p. 23.

369   *Ibid.*, p. 31.

370   *Ibid.*, p. 33.

como o estabelecer-se e o transformar-se daqueles horizontes nos que, sucessivamente, os entes se tornam acessíveis ao homem e o homem a si mesmo".[371]

Para uma nova concepção da racionalidade fica colocado o irredutível contorno pós-moderno estabelecido nos seguintes termos: "O mundo se experimenta dentro de horizontes constituídos por uma série de ecos, de ressonâncias de linguagens, de mensagens provenientes do passado, de outros indivíduos (os outros junto a nós, como as outras culturas).[372]

Valendo-se do pensamento desses dois filósofos - Nietzsche e Heidegger - G. Vattimo propõe novas condições de racionalidade na experiência pós-moderna. A modernidade, que no seu entender se caracterizava pelo fato de estar dominada pela ideia da história do pensamento como "iluminação" progressiva, que se desenvolve com base na apropriação e na reapropriação cada vez mais plena dos "fundamentos", sucumbiu sobre os seus próprios fundamentos, não por ataques externos, mas por sua própria falência. É exatamente a ruína desses fundamentos que tomaremos como tema a seguir, para um maior aprofundamento naquilo que estamos propondo como ampliação do conceito de racionalidade.

2 - A morte de Deus como plurifontização dos lugares epistemológicos

A morte de Deus, segundo expôs F. Nietzsche, é antes de qualquer outra coisa a morte de uma estrutura epistemológica linguístico-teológica.

---

371 VATTIMO, Gianni. *Dialéctica, Diferencia y Pensamiento Débil*. In: VATTIMO, Gianni & ROVATTI, Aldo. *El Pensamiento Débil*. P. 28.

372 *Ibid.*, pp. 28-29.

Juan Antônio Estrada reflete com acuidade a crítica nietzschiana da morte de Deus como decadência da gramática Ocidental. Tal gramática estrutura a linguagem e faz parecer natural aquilo que esta expressa. Ele afirma:

> *A metafísica, como sistematização hierárquica da realidade e da cosmovisão, que oferece um horizonte, já está inserta na sintaxe e na gramática da linguagem. Isso não é nunca um instrumento neutro, mas a subjetividade individual e pessoal. Por sua vez, o sentido comum é uma cristalização das relações de poder que penetram a racionalidade, a linguagem e a história.*[373]

É o próprio F. Nietzsche quem denuncia a inserção da ideia do Deus metafísico na gramática e, de sua naturalização na linguagem, tanto em sua expressão científica, quanto, principalmente, no senso comum. Dessa forma, pela imposição gramatical, a ideia desse Deus torna-se absolutamente necessária. F. Nietzsche descreve tal processo da seguinte forma:

> *Hoje, ao contrário, vemos até que ponto o fato do preconceito da razão nos obrigar a fixar a unidade, a identidade, a duração, a substância, a causa, a coisidade, o Ser, nos enreda de certa maneira no erro, nos leva necessariamente ao erro [...]. A "razão" na linguagem: oh! Mas que velha matrona enganadora! Eu temo que não venhamos a nos ver livres de Deus porque ainda acreditamos na gramática...*[374]

---

373 ESTRADA, Juan Antônio. *Deus nas tradições filosóficas. Vol. 2. Da morte de Deus à crise do sujeito.* São Paulo: Paulus, 2003, p. 176.

374 NIETZSCHE, Friedrich. *Crepúsculo dos ídolos (ou como filosofar com o martelo).* Rio de Janeiro: Relume Dumará, 2000, pp. 30-32.

J. A. Estrada aprofundando tais perspectivas nietzschianas conclui: "A metafísica inserida na gramática da linguagem é um falso preconceito moral e não uma ontologia".[375] F. Nietzsche expressa sua percepção de como a Igreja e sua teologia se valeram de certa ideia de Deus (do Deus metafísico) para operar um "melhoramento" moral dos homens. Ele afirma: "Tanto a domesticação da besta humana quanto a criação de um determinado gênero de homem foi chamada de "melhoramento": somente esses termos zoológicos expressam realidades. Realidades das quais com certeza o sacerdote, o típico "melhorador", nada sabe – nada quer saber...".[376]

F. Nietzsche aprofunda ainda mais sua crítica ao cristianismo:

> *Chamar a domesticação de um animal seu "melhoramento" soa, para nós, quase como uma piada. Quem sabe o que acontece nos amestramentos em geral dúvida de que a besta seja aí mesmo "melhorada". Ela é enfraquecida, torna-se menos nociva, ela se transforma em uma besta doentia através do afeto depressivo do medo, através do sofrimento, através das chagas, através da fome [...]. A igreja compreendeu isso: ela perverteu o homem, ela o tornou fraco, mas pretendeu tê-lo "melhorado".*[377]

No verso da certidão de óbito de tal estrutura epistemológica está a certidão de nascimento da pluralidade de epistemologias. Isso quer dizer que há uma íntima relação entre a temática da morte de Deus e da pluralidade epistemológica típica da pós-modernidade.

---

375 ESTRADA, Juan Antônio. Op. cit., p. 177.

376 NIETZSCHE, Friedrich. *Crepúsculo dos ídolos (ou como filosofar com o martelo).* Rio de Janeiro: Relume Dumará, 2000. p. 58.

377 Ibid., p. 59.

Esse deicídio que F. Nietzsche credita aos próprios religiosos[378] não foi tranquilo, como se diz no interior: uma "morte morrida". Foi antes uma morte matada, resultado de uma batalha por autonomia e historicidade do ser.

Ao falar dessa batalha a partir do pensamento nietzschiano, Giorgio Penzo diz: "A polêmica com o cristianismo decadente revela-se, no fundo, como consequência lógica da polêmica com a concepção platônica,

---

[378] F. Nietzsche trata pontualmente do tema da morte de Deus, sobretudo no aforisma 125 da *Gaia ciência*.

> Não ouviram falar daquele louco que, à luz clara da manhã, acendeu uma lanterna, correu pela praça do mercado e se pôs a gritar incessantemente: "Eu procuro Deus! Eu procuro Deus!". Estando reunidos na praça muitos daqueles que, precisamente, não acreditavam em Deus, o homem provocou grande hilaridade. "Será que se perdeu?" dizia um. "Será que se enganou no caminho, como se fosse uma criança?", perguntava outro. "Ou estará escondido?", "Terá medo de nós?", "Terá embarcado?", "Terá partido para sempre?", assim exclamavam e riam todos ao mesmo tempo. **O louco saltou para o meio deles e trespassou-os com o olhar: "Onde está Deus?", gritou ele, "digo-vos! *Matámo-lo – vós e eu! Somos todos os seus assassinos!*"**. Mas como foi que fizemos isso? Como fomos capazes de esvaziar o mar? Quem nos deu a esponja com que apagamos o horizonte inteiro? Que fizemos, ao desamarrarmos essa terra do seu sol? Para onde irá agora a terra? Para onde nos levará o seu movimento? Para longe de todos os sóis? Não nos teremos precipitado numa queda sem fim? Uma queda para trás, para o lado, para a frente, para toda a parte? Haverá ainda um em cima e um embaixo? Ou não erraremos através de um nada infinito? Não sentimos já o sopro do vazio? Não está mais frio? Não é sempre noite sem descanso e cada vez mais noite? Não teremos que acender as lanternas desta manhãzinha? Não ouviremos nada além do ruído dos coveiros que enterraram Deus? NIETZSCHE, Friedrich *A gaia ciência*. São Paulo: Companhia das Letras, 2001, pp. 147-148. Grifo nosso.

que afirma a distinção entre mundo do ser e mundo do devir".[379] E ainda: "Na concepção platônico-cristã, o devir ver-se-ia privado de sua intrínseca perfeição e seria rebaixado à condição de realidade imperfeita relativamente à realidade mítico-metafísica, a que se atribui toda a perfeição".[380]

A morte declarada é, portanto, de uma representação linguístico-teológica de Deus. Porém, o discurso teológico, sobretudo o dogmático, forçou de tal maneira a identificação dessa representação com o Deus cristão que qualquer ataque àquele recai inevitavelmente sobre este.[381]

Como observou William Hamilton: "Não há nenhuma necessidade imediata de aceitarmos que o Deus morto é o Deus da 'fé'; por outro lado não podemos deixar de concluir que o Deus morto não é o Deus da idolatria, ou da falsa piedade, ou da 'religião', mas o Deus da Igreja cristã histórica e da cristandade".[382]

Para H. Hamilton, que representa a escola teológica chamada Teologia da Morte de Deus, a teologia não pode reputar a crítica embutida da temática da morte Deus somente a espíritos críticos ao cristianismo. Tal crítica tem sua gênese na própria tradição cristã. Nesse sentido ele continua:

---

379 PENZO, Giorgio. *Friedrich Nietzsche. O divino como problematicidade*. Em: PENZO, Giorgio & GIBELLINI, Rosino (orgs.). *Deus na filosofia do século XX*. 2ª edição. São Paulo: Loyola, 2000, p. 29.

380 *Ibid*., p. 30.

381 ROCHA, Alessandro. *Teologia sistemática no horizonte pós-moderno*. São Paulo: Vida, 2007, p. 125.

382 HAMILTON, William. *A morte de Deus. Introdução à teologia radical*. Rio de Janeiro: Paz e Terra, 1967, p. 29.

> *Por que – gostaríamos de perguntar – é necessário relacionar desse modo a Igreja com a cristandade? Porque quando ela ingressou no mundo helenístico, contribuindo para criar o mundo moderno Ocidental, tornou-se indissoluvelmente ligada à tradição histórica característica.*[383]

E conclui: "Frequentemente os teólogos modernos têm descoberto, com grande constrangimento que, logicamente e linguisticamente, não é possível dissociar os ritos credos e dogmas da Igreja de seu invólucro acidental".[384]

A constatação da morte de Deus é, portanto, uma grande bênção para a teologia, à medida que liberta seu discurso das amarras da metafísica, que, cristalizada, gestou tão somente uma discursividade excludente. O ocaso do Deus metafísico pode significar a libertação da dimensão metafórica da linguagem, possibilitando um renovado falar teológico, que encontra na experiência da fé um lugar privilegiado. Como também indicou Rubem Alves: "o anúncio da morte de Deus não é uma reportagem sobre o sepultamento de um ser eterno, mas antes a simples constatação de um colapso de todas as estruturas de pensamento e linguagem que o teísmo oferecia".[385]

Tal morte, portanto:

> *Anuncia o fim de uma visão global de universo, de uma certa filosofia, de uma linguagem que articulava a experiência do homem pelo simples fato de que uma nova maneira de pensar a vida, de encarar*

---

383 *Ibid.*, p. 30.

384 *Ibid.*

385 ALVES, Rubem. *Deus morreu – viva Deus!* Em: ALVES, Rubem & MOLTMANN, Jürgen. *Liberdade e fé*. Rio de Janeiro: Tempo e Presença, 1972, p.10.

os seus problemas, de falar, está surgindo, e que contradiz e nega, de forma radical e irreconciliável a forma velha.[386]

A questão fundamental aqui é dar as boas-vindas a essa declaração de morte,[387] percebendo que ela representa "o universo perdendo seu centro"[388] e ainda que "o mundo suprassensível não tem poder eficiente"[389] no sentido de responder às questões encontradas no horizonte existencial dos homens e mulheres concretos.

É a partir da recepção da morte de Deus e da compreensão de que ela significa a libertação da dimensão plural do discurso teológico que se torna possível abrir-se à multiplicidade, à concretude da vida, onde efetivamente ocorrem as experiências humanas, e dentre elas, aquela que poderia ser dita como a mais humana: a experiência do mistério, do Deus *revelatus*, que estrutura desde dentro a existência de homens e mulheres.

Como temos proposto até aqui a constatação nietzschiana da morte de Deus – bem como a proposição heideggeriana do fim da metafísica – inaugura uma nova época e, exatamente por isso, uma nova percepção da realidade e, novos meios de aproximação dela. G. Vattimo, nesse particular profundamente influenciado pelo pensamento do teólogo medieval Gioacchino da Fiore, concebe essa nova época como uma era espiritual: a Era Hermenêutica.

G. Vattimo encontra suporte nos ensinamentos de G. da Fiore, em especial, no tocante ao retorno à religião, como uma espécie de "profecia" preconizada pelo monge calabrês. Nesse sentido, G. Vattimo assume a tarefa de desenvolver tal pensamento, encontrando nele familiaridades

---

386 *Ibid.*

387 HAMILTON, William. Op. cit., p. 41.

388 *Ibid.*

389 TROTIGNON, Pierre. *Heidegger.* Lisboa: Edições 70, 1982, p. 83.

no que se reporta ao pensamento fraco, e o reencontro possível entre filosofia e religião. Pensando o parentesco dos temas "enfraquecimento do ser" e "secularização do sacro" e, as antecipações dessas temáticas em G. da Fiore, G. Vattimo afirma:

> *O reconhecimento do parentesco entre história ou enfraquecimento do ser e secularização do sacro na tradição do Ocidente cria, a meu ver, um vastíssimo terreno de reflexão, quer para a filosofia enquanto tal, quer para a autointerpretação da experiência religiosa.*[390]

Se a história da salvação como pensa G. Vattimo, agora se dá não mais como momento objetivísitico, mas apenas como história da interpretação, G. da Fiore tem muito a dizer a esse respeito. Ele mesmo deu uma conotação toda particular à interpretação das Escrituras, o que denominou de "inteligência espiritual".

Uma vez que a salvação agora assume um caráter histórico-interpretativo, pode-se dizer que ela ainda não se efetivou plenamente, mas está em curso, ou seja, a salvação se dá com a interpretação. Para nos salvarmos é preciso, pois, interpretar a palavra de Deus na Escritura e aplicar corretamente à própria condição histórica e situação epocal. Uma vez que o próprio Cristo é a interpretação do Pai, o verbo (*Logos*), a salvação para os homens também passa pela interpretação das escrituras. Nesse sentido G. Vattimo afirma o seguinte acerca do pensamento de G. da Fiore:

> *A inteligência espiritual da Escritura é, acima de tudo, a capacidade de entender os eventos narrados pela Bíblia antes, e talvez, mais fun-*

---

390   VATTIMO, Gainni. *Os ensinamentos de Gioacchino*. Em: *Depois da cristandade*. Rio de Janeiro: Record, 2004, p. 37.

damentalmente, como 'figuras' de outros eventos históricos, do que como parábolas voltadas para a edificação dos fiéis.[391]

É disto que G. da Fiore fala e que G. Vattimo interpreta como as "idades do espírito". G. da Fiore compreende a sagrada Escritura no contexto da história. Considera a Bíblia como sendo dividida historicamente em três momentos, estádios, ou idades da história, como ele mesmo vai sustentar.[392]

- A primeira idade corresponde ao governo de Deus Pai e é representada pela lei, pelo poder absoluto. Marcada pelo temor ao Deus "totalmente outro", pela escravidão à lei e, portanto, pela violência metafísica (como já vimos em outra parte deste trabalho) no sentido de que não se abre para o diálogo, mas somente requer contemplação, adoração e obediência servil. Essa idade está compreendida nos textos do Antigo Testamento.

- A segunda idade, G. da Fiore denomina como a "idade da graça", ou seja, a da revelação do Novo Testamento. É caracterizada não mais pela escravidão, mas pela servidão filial, voluntária, por amor ao Cristo e aos outros. Isso implica o exemplo da pessoa do filho que se dá pela *kenosis*, compartilhando a "lama" da humanidade e não mais marcada pela contemplação, senão agora pela ação. Essa idade nos é contemporânea, por se tratar do estádio em que nos encontramos em nossa condição presente.

---

391 VATTIMO, Gainni. *Os ensinamentos de Gioacchino.* Em: *Depois da cristandade.* Rio de Janeiro: Record, 2004, p. 41.

392 Cf. Ibid., pp. 42-44.

- Finalmente, a terceira se caracteriza pela liberdade e se assume na pessoa do espírito. Isso significa dizer uma inteligência espiritual para interpretar as escrituras, outrora inacessível aos demais, cabendo-nos apenas a sua servil obediência prática. Essa profecia de G. da Fiore será a plenitude dos tempos, visto que não mais nos relacionaremos como escravos, nem tampouco como servos, embora, voluntários, mas agora como amigos (caráter de proximidade da divindade). Contudo, esta idade do espírito ainda não se efetivou em nosso tempo, mas trata-se de um tempo que virá: (O Império do Divino Espírito Santo).

Após discutir a teoria de G. da Fiore sobre as três idades do mundo presentes na escritura, G. Vattimo pondera:

> *Até aqui a atualidade dos ensinamentos de Giocchino parecem estar relacionados, portanto, à "descoberta" fundamental da historicidade constitutiva da revelação, que corresponderia ao caráter eventual do ser teorizado pela filosofia pós-metafísica [...]. Os sinais de aproximação da terceira idade, que hoje chamamos de época do fim da metafísica, obviamente são os mesmos de que falava Giocchino. Todavia, no que tange o significado fundamental da idade do espírito – não mais o texto e sim o espírito da revelação; não mais servos e sim amigos; não mais o temor ou a fé e sim a caridade; e talvez também, não mais a ação e sim a contemplação – a obra de Giocchino ainda nos serve de guia.*[393]

---

393 *Ibid.*, pp. 44-45.

3 - A morte de Deus como inauguração da era hermenêutica

A morte de Deus nos comunica o fato de que foi ultrapassada a ideia do Deus da metafísica, isso, contudo, não abole o suprassensível de fato, nos diz apenas que não há um fundamento (*Gründ*) definitivo. Nada mais que isso. Se não há, portanto, mais um fundamento definitivo, o ser acontece na história, torna-se evento. Este é o ponto de partida que G. Vattimo estabelece para constatar que a época pós-moderna é uma era onde a hermenêutica é o *koiné* da cultura.[394]

No sentido de evidenciar a importância da hermenêutica para a pós-modernidade G. Vattimo recorre à imagem da modalidade dominante da língua grega no período helenístico: o *koiné*.[395] A hermenêutica é o *koiné* de nossa cultura. "A hipótese, aventada em meados dos anos oitenta, de que a hermenêutica tivesse se tornado uma espécie de *koiné*, de idioma comum da cultura ocidental, não apenas filosófica, ainda não parece ter sido até agora desmentida".[396] G. Vattimo observa que a hermenêutica compreendida como *koiné* revela, sobretudo, "um clima difuso, uma sensibilidade geral, ou ainda uma espécie

---

[394] *Koiné* é a modalidade popular do grego que no período helenístico tornou-se amplamente popular, sendo a "língua de todos".

[395] Para encontrar as primeiras postulações sobre essa temática ver: VATTIMO, Gianni. *Hermenéutica: Nuova koiné*. Em: VATTIMO, Gianni. *Ética de la Interpretación*. Barcelona: Paidós, 1991, pp. 55-72.

[396] VATTIMO, Gianni. *Oltre L'Interpretazione. Il Significato dell'Ermeneutica per la Filosofia*. Roma: Laterza, 1994. Utilizaremos a seguinte tradução: VATTIMO, Gianni. *Para além da interpretação: o significado da hermenêutica para a filosofia*. Rio de Janeiro: Tempo brasileiro. p. 13

de pressuposto ao qual todos sentem-se mais ou menos convidados a prestar contas.[397]

3.1 – A hermenêutica como *koiné* da pós-modernidade

Em seu livro *Para além da interpretação. O significado da hermenêutica para a filosofia,* G. Vattimo mostra que a superação do pensamento forte (estabilidade do ser) fundado na metafísica, acontece no horizonte da afirmação da pós-modernidade como uma era hermenêutica onde se pode dizer o ser como devir, a partir do *pensiero debole*.[398] Essa superação que o pensamento faz de uma forma forte a outra fraca, opera numa crítica às metanarrativas universalizantes, bem como aos discursos autorizados que naturalizam sua autoridade através do recurso à metafísica.

Seguindo o postulado nietzschiano de que não há verdade, somente interpretações,[399] G. Vattimo teoriza acerca de uma guinada na própria compreensão de ontologia: vivemos num contexto de uma "ontologia hermenêutica".[400] Não é que somente os fatos históricos devam ser tomados como interpretação da realidade, mas que a própria realidade – inclusiva a condição humana – já é interpretação. G. Vattimo afirma ser importante "assumir o risco de concentrar a atenção sobre a *koiné*

---

397 *Ibid.*

398 VATTIMO, Gianni. *Para além da interpretação. O significado da hermenêutica para a filosofia.* Rio de Janeiro: Tempo Brasileiro. No capítulo I (A vocação niilista da hermenêutica), G. Vattimo trabalha esse tema com maior profundidade. pp. 11-28.

399 VATTIMO, Gianni. *A tentação do realismo.* Rio de Janeiro: Lacerda Editores, 2001, p. 17.

400 *Ibid.*

hermenêutica",[401] porque só assim será possível dar um "passo na direção de uma 'ontologia da atualidade', na direção de um pensamento que ultrapasse o esquecimento metafísico do ser".[402]

A "ontologia hermenêutica" assume a perspectiva filosófica que "coloca no seu âmago o fenômeno da interpretação, quer dizer, de um conhecimento do real que não se pensa como espelho objetivo das coisas 'lá fora', mas como uma compreensão que traz consigo as marcas de quem conhece".[403] A profundidade de tal proposição está na afirmação de que o sujeito cognoscitivo alcança a coisa na medida em que, reconstruindo-a como forma, exprime nesta reconstrução também a si mesmo. O ser, exatamente por isso, não é algo a que possa alcançar fora, num exercício de objetividade. Antes, o ser se revela no encontro. Ele é não um ponto fixo, mas um evento. É nestes termos que se pode falar de "ontologia da atualidade".

G. Vattimo observa que "não existe nenhum aspecto do que é chamado mundo pós-moderno que não esteja marcado pelo alastrar-se da interpretação".[404] Ele propõe quatro traços que deixam tal domínio da hermenêutica bastante evidente. O primeiro é "a difusão dos meios de comunicação";[405] o segundo é "a autoconsciência da historiografia",[406] onde a ideia de história já é um esquema teórico resultado de opções hermenêuticas; o terceiro é "a multiplicidade das culturas",[407] não somente a

---

401   *Ibid.*, p. 23.

402   *Ibid.*

403   *Ibid.*, p. 24.

404   *Ibid.*, p. 26.

405   *Ibid.*

406   *Ibid.*, p. 27.

407   *Ibid.*

multiplicidade, mas impacto no sentido de desmentir "uma ideia unitária e progressiva de racionalidade";[408] o quarto é "a destruição psicanalítica da fé na 'ultimidade' da consciência",[409] que coloca em cheque o princípio da razão instrumental e seu método dualista de sujeito/objeto.

As tendências mais ortodoxas das ciências em geral e da teologia em particular tendem a condenar tal realidade hermenêutica identificando-a como mera relativização. A possíveis acusações como esta, G. Vattimo afirma que "a hermenêutica se configura como puro e perigoso relativismo só se não se leva bastante a sério as próprias implicações niilistas"[410] e conclui:

> *Posto que a "verdade da hermenêutica" como teoria alternativa a outras (e antes de tudo ao conceito de verdade como "reflexo" dos "fatos") não pode se legitimar pretendendo valer como uma descrição adequada de um estado de coisas metafisicamente estabelecido ("não existem fatos, somente interpretações"), mas deve reconhecer-se também como uma interpretação, a sua única possibilidade é de argumentar-se como tal, quer dizer, como uma "descrição" interna ou leitura* sui generis *da condição histórica na qual é lançada e que escolhe orientar numa direção determinada, pela qual não existem outros critérios a não ser os que herda, interpretando, desta mesma proveniência.*[411]

A condição hermenêutica da pós-modernidade não é, portanto, mera relativização de posturas racionalistas e objetivistas é, antes de tudo, a afirmação de uma ontologia, de uma "nova" forma de ser no

---

408   *Ibid.*
409   *Ibid.*
410   *Ibid.*, p. 29.
411   *Ibid.*, pp. 29-30.

mundo. Uma questão bastante importante para nossa reflexão é que essa condição hermenêutica que a cultura atual vivencia tem profunda relação com o núcleo da fé cristã que o tema da encarnação, sobretudo da encarnação como *kenosis* de Deus. É nesse sentido que G. Vattimo percebe "a ligação entre ontologia niilista e *kenosis* de Deus".[412]

Esse horizonte hermenêutico que serve à pós-modernidade como *koiné* opera uma dinâmica complexa de formação de novos lugares de verdade, onde a experiência e o encontro são os elementos para a formação de uma espacialidade fraca. Isso, porém, exige que a teologia (e também que a igreja que busca controlar a teologia)[413] faça sua própria peregrinação da encarnação – *kenosis* – ao calvário, onde com o Deus da metafísica ela também possa fenecer.

3.2 – A morte de D'EU'S e do 'EU' como princípio para vida do 'eu's

Da denúncia nietzschiana acerca do deicídio operado pela fixação da metafísica como acesso definitivo à realidade podemos depreender o ocaso da centralidade do sujeito cartesiano, ou seja, do destronamento da suficiência do juízo crítico. A partir disso novos caminhos estão abertos para a percepção da realidade e, na perspectiva teológica, do real nomeado Deus.

---

412   VATTIMO, Gianni. *Para além da interpretação. O significado da hermenêutica para a filosofia*. p. 77.

413   G. Vattimo é bastante incisivo sobre a condição não kenótica da Igreja oficial. Ele afirma: "É por isso que insisto tanto em 'não nos deixarmos afastar dos ensinamentos de Cristo' por causa do escândalo do ensinamento oficial da Igreja". VATTIMO, Gianni. Acreditar em acreditar. Lisboa: Relógio D'Água editores, 1998, p. 56.

> *De fato, nós, filósofos e "espíritos livres", ante a notícia de que o "velho Deus morreu" nos sentimos como iluminados por uma nova aurora; nosso coração transborda de gratidão, espanto, pressentimento, expectativa – enfim, o horizonte nos parece novamente livre, embora não esteja limpo, enfim, os nossos barcos podem novamente zarpar ao encontro de todo perigo, novamente é permitida toda a ousadia de quem busca o conhecimento, o mar, o nosso mar está novamente aberto, e provavelmente nunca houve tanto "mar aberto".*[414]

Nietzsche não mata Deus, ele constata sua morte. Essa constatação de que "Deus morreu" está intimamente ligada à história da cultura ocidental. Dizer "Deus morreu" é declarar o fim de um fundamento último, onde até então orbitavam certos valores morais e religiosos. A morte de Deus é a morte de um paradigma, uma verdadeira mudança epocal.[415]

Carlos Palácio faz uma importante observação sobre a estrita identificação do cristianismo com a razão ocidental. Segundo ele "a teologia nunca saiu do âmbito da razão ocidental, seja da razão antiga (nos primeiros séculos e até a síntese de Santo Tomás), seja da razão moderna (desde o século XVI até hoje)". [416] E continua afirmando:

> *Desde a sua origem, viu-se às voltas com a "razão": quer no encontro do cristianismo com o helenismo (civilização da razão por excelência), quer durante a sua convivência, duas vezes milenar, com a cultura ocidental. Não seria descabido, portanto, dizer que a teologia teve até*

---

414 NIETZSCHE, Friedrich. Op. cit., p. 234.

415 Aqui parece bastante adequada a tese de Carlos Palácio que indica que o que estamos vivendo é mais do que um novo paradigma, mas uma verdadeira "mudança epocal". PALÁCIO, Carlos. *Novos paradigmas ou fim de uma era teológica?* Em: FABRIS DOS ANJOS, Marcio. *Teologia aberta ao futuro.* São Paulo: Loyola, 1997, pp. 77-98.

416 *Ibid.*, p. 79.

> *hoje um único paradigma: o da razão ocidental. Nem é de estranhar que ela sofra também os impasses da crise dessa razão. De modo particular nos dois aspectos sob os quais se manifesta mais agudamente essa crise: a depauperação do conhecimento como saber e o ocultamento de Deus.*[417]

O que vinha definhando, embora fosse envidado todo esforço para que isso não acontecesse, era uma matriz cultural que havia sido cristalizada, uma mediação cultural transformada em norma, tanto para a reflexão teológica, quanto para as experiências da fé.

Mesmo percebendo que a declaração nietzschiana tem um alcance ainda mais vasto,[418] pode-se dizer que ela se volta contra um discurso teológico que identificou o Deus cristão com uma representação cultural. A crise causada pelo definhamento da metafísica coloca em cheque a cultura cristã e a ideia de Deus dele derivada. Como afirma G. Penzo:

> *Para o homem metafísico, a morte de Deus é vivida de modo dramático, justamente porque marca o fim de um longo desejo que é necessário ao homem para viver com uma consciência de segurança. Nietzsche faz sua essa angústia "desesperada" do homem metafísico diante do "advento do niilismo". Supera, porém, tal angústia, quando observa que a morte de Deus é um acontecimento cultural e existencial necessário para purificar a face de Deus e, por conseguinte, a fé em Deus.*[419]

---

417   *Ibid.*, p. 83.

418   A crítica de Nietzsche não se dirige só à religião cristã com seu aparato de moralidade. Ela também se destina à modernidade com sua ideia de progresso. Ele se volta contra toda expressão metafísica, tanto religiosa quanto científica.

419   PENZO, Giorgio. Op. cit., p. 31.

G. Penzo ainda afirma que: "Nietzsche não mata Deus, mas limita-se a constatar a ausência do divino na cultura de seu tempo, acusando, pelo contrário, por essa ausência e morte, o pensamento metafísico".[420] Essa é uma questão que a teologia ainda não enfrentou com a profundidade necessária.[421] Como disse o próprio F. Nietzsche: "Deus está morto; mas tal como são os homens, durante séculos ainda haverá cavernas em que sua sombra será mostrada – quanto a nós – nós teremos que vencer também a sua sombra".[422]

Compreender a profundidade das implicações dessa temática introduz a teologia numa "nova época". Como observa Roberto Machado: "A expressão 'morte de Deus' é a constatação da ruptura que a modernidade introduz na história da cultura com o desaparecimento dos valores absolutos, das essências, do fundamento divino".[423] Como propõe G. Vattimo, F. Nietzsche não somente radicaliza a modernidade, mas antecipa em algumas décadas a pós-modernidade.[424]

---

420   *Ibid.*, p. 32.

421   Tal temática já havia sido proposta por Dietrich Bonhoeffer na década de quarenta do século XX. Contudo a lucidez de seu pensamento só seria percebida tardiamente, sobretudo a partir dos estudos do bispo anglicano John A. T. Robinson na década de sessenta.
Para aprofundar o pensamento de D. Bonhoeffer: BONHOEFFER, Dietrich. *Resistência e submissão. Cartas e anotações escritas na prisão.* São Leopoldo: Sinodal, 2003. Vale a pena destacar, sobretudo as cartas de 30/4/1944, 5/5/1944, 25/5/1944, 30/6/1944. Para aprofundar a divulgação do pensamento de D. Bonhoeffer: ROBINSON, John A. T. *Um Deus diferente.* Lisboa: Livraria Morais Editora, 1967.

422   NIETZSCHE, Friedrich. Op. cit., p. 135.

423   MACHADO, Roberto. *Zaratustra.* p. 48.

424   A partir do próximo tópico trabalharemos especificamente a recepção que G. Vattimo faz do pensamento de Friedrich Nietzsche, interpretando-o na perspectiva pós-moderna.

A contribuição fundamental do ataque nietzschiano à metafísica, própria da razão ocidental, aprofundada, sobretudo a partir do cartesianismo, consiste no questionamento de abordagens essencialistas. Dessa forma o discurso e a experiência humana sobre qualquer realidade, mesmo a divina, deverão assumir sua irredutível condição histórico-cultural.[425]

Nenhuma fala pode pretender uma identificação com a realidade que não seja aquela que circunda quem a propõe. As narrativas estão condenadas aos limites daqueles que as pronunciam. Nenhuma suposta revelação divina pode potencializar discursos, conferindo-lhe alcance universal e uma decorrente univocidade.

Dessa condenação ao concreto, ao culturalmente delimitado, ao existencialmente experimentável, emerge no pensamento nietzschiano a ideia do "Super-homem". Mesmo não podendo esgotar aqui o alcance dessa ideia, interessa a relação desse "super-homem" com a realidade concreta que F. Nietzsche representa como a terra, no sentido de lugar ou situação, remetendo sempre ao horizonte concreto onde homens existem.

> *Eu vos apresento o Super-homem! O Super-homem é o sentido da terra. Diga a vossa vontade: seja o Super-homem, o sentido da terra. Exorto-vos, meus irmãos a permanecer fiéis à terra e a não acreditar em quem vos fala de esperanças supra-terrestres... Noutros tempos, blasfemar contra Deus era a maior das blasfêmias; mas Deus morreu e com ele morreram tais blasfêmias. Agora, o mais espantoso é blasfemar da terra, e ter em maior conta as entranhas do impenetrável do que o sentido da terra.*[426]

---

425 ROCHA, Alessandro. Op. cit., p. 130.

426 NIETZSCHE, Friedrich. *Assim falou Zaratustra*. São Paulo: Martin Claret, 2000, p. 25.

Em *Assim falou Zaratustra*, F. Nietzsche constata a morte de Deus, a descrença no além, em sua capacidade de comunicar sentido existencial aos homens e mulheres. E o que oferece em troca? "Não mais um além, mas um depois, um tempo posterior, algum dia".[427]

> *O que é de grande valor num homem é ele ser uma ponte e não um fim; o que se pode amar num homem é ele ser uma passagem, um acabamento. Eu só amo aqueles que sabem viver como se extinguindo, porque são esses os que atravessam de um lado para o outro... Amo os que não procuram por detrás das estrelas uma razão para sucumbir e oferecer-se em sacrifício, mas se sacrificam pela terra, para que a terra pertença um dia ao Super-homem.*[428]

Como diz R. Machado: "Super-homem é todo aquele que supera as oposições terreno-extraterreno, sensível-espiritual, corpo-alma; é todo aquele que supera a ilusão metafísica do mundo do além e se volta para a terra, dá valor à terra".[429] Assumir essa metáfora nietzschiana, que na morte de Deus diz a morte da metafísica e no surgimento do Super-homem vê emergir o imperativo da vida concreta, pode levar o discurso teológico para um outro caminho que não aquele da univocidade essencialista.

Assumir que não há um eixo gravitacional a partir do qual toda realidade deve ser compreendida, mas tantos eixos quantos forem às realidades localmente situadas, pode permitir um discurso teológico que ao sistematizar uma experiência de fé, assuma a mediação cultural própria à comunidade onde se originou aquela experiência. Dessa

---

427 MACHADO, Roberto. Op. cit., p. 49.

428 NIETZSCHE, Friedrich. Op. cit., p. 27.

429 MACHADO, Roberto. Op. cit. p. 46.

forma a experiência com o Deus *revelatus* ganha uma nova topografia: o cotidiano mais concreto e comezinho.

Em suma, a contribuição desse capítulo do pensamento nietzschiano à teologia está na libertação da dimensão metafórica do discurso. Não há mais a obrigação de dizer o unívoco, pode-se agora abrir-se à multiplicidade polissêmica e a toda discursividade na experiência e comunicação da fé.

4 - A libertação da metáfora e dos dialetos

Não há mais um centro de gravidade, como lugar estável, seguro e regulador a partir do qual se erija a realidade. É necessário negar o jogo da metafísica que se funda e se constrói a partir de uma imobilidade fundadora e de uma certeza tranquilizadora.[430]

É nesse sentido que se encontra o pensamento de G. Vattimo.[431] Ele parte do pensamento nietzschiano acerca da morte de Deus (do Deus metafísico) tomando-o como uma abertura à possibilidade de crer a partir de sua "kenotização". Trabalha também o conceito de libertação da metáfora e negação das metanarrativas filosóficas o científicas.

Com relação à possibilidade de crer, aberta pela declaração nietzschiana da morte de Deus, G. Vattimo começa dizendo: "O anúncio de

---

430 ROCHA, Alessandro. Op. cit., p. 132.

431 G. Vattimo trabalha o pensamento nietzschiano em várias de suas obras: *Crer em acreditar,* da Editora Relógio D'água; *O fim da modernidade: Niilismo e hermenêutica na cultura pós-moderna,* da editora Martins Fontes; *Introdução à Nietzsche,* da Editorial Presença; *A religião,* da Estação Liberdade. Mas é em *Depois da cristandade,* onde seu pensamento volta-se fundamentalmente para a relação da teologia com o pensamento nietzschiano, sobretudo no capítulo da morte de Deus como libertação da metáfora.

Nietzsche, segundo o qual "Deus morreu", não é tanto, ou principalmente, uma afirmação de ateísmo, como se ele estivesse dizendo: Deus não existe".[432] G. Vattimo observa esse não ateísmo nietzschiano como coerência do pensamento de tal filósofo. Ele continua:

> *Uma tese do gênero, a não existência de Deus, não poderia ter sido professada por Nietzsche, pois do contrário a pretensa verdade absoluta que esta encerraria ainda valeria para ele como um princípio metafísico, como uma "estrutura" verdadeira do real que teria a mesma função do Deus da metafísica tradicional.*[433]

Para G. Vattimo a percepção nietzschiana da morte, Deus rompe as amarras epistemológicas que atavam o discurso filosófico e teológico a postulados unívocos.

> *De forma muito simplificada, creio poder dizer que a época na qual vivemos hoje, e que com justa razão chamamos pós-moderna, é aquela em que não mais podemos pensar a realidade como uma estrutura ancorada em um único fundamento, que a filosofia teria a tarefa de conhecer e a religião, talvez, a de adorar.*[434]

Batendo a golpes de martelo naquilo que se pretendia constituir como o "fundamento único" para toda a realidade, F. Nietzsche, na leitura de G. Vattimo, está liberando a experiência religiosa e seus discursos mais ou menos elaborados, para se expressar a partir de outros núcleos culturais e linguísticos. Diz ele: "Sob a luz da nossa experiência

---

432 VATTIMO, Gianni. *Depois da cristandade*. Rio de Janeiro: Record, 2004, p. 9
433 *Ibid.*
434 *Ibid.*, p. 11.

pós-moderna, isto significa que justamente porque este Deus fundamento último, que é a estrutura metafísica do real, não é mais sustentável, torna-se novamente possível uma crença em Deus".[435]

Contrário à toda negação que faz a metafísica quanto à legitimidade do múltiplo, do plural, o pensamento de G. Vattimo possibilita encontrar no pluralismo um princípio, além de legítimo, fecundo para a experiência de Deus. Cessa-se a negação da existência como não ser e a tendência de afirmar estruturas essenciais.

> *Com base na experiência do pluralismo pós-moderno, podemos somente pensar o ser como um evento, enquanto a verdade não mais pode ser o reflexo de uma estrutura eterna do real e sim uma mensagem histórica que devemos ouvir e à qual somos chamados a dar uma resposta. Uma tal concepção da verdade não é válida apenas para a teologia e a religião, mas, igualmente, para grande parte das ciências hoje.*[436]

É na dimensão do pluralismo que se pode recuperar a legitimidade do múltiplo, que desde o encontro do cristianismo com a cultura helênica vinha sendo negado, ou identificado como heresia. O múltiplo, o plural, é a outra fala, a fala do outro, que tem tanta relevância para sua comunidade religiosa e cultural, quanto a fala do eu tem para a sua.

Na relativização contida no plural está o princípio de afirmação do outro. Não como extensão do eu e de sua verdade - isso possibilitaria o discurso unívoco (o outro seria um eu exteriorizado) - mas como ser autônomo, histórico, cultural e religioso. Esse outro pode não orbitar do mesmo eixo do eu. Isso quer dizer que os discursos não

---

435 *Ibid.*, p. 12.
436 *Ibid.*, p. 13.

estão contrapostos num binômio verdadeiro x falso, pois não há um absoluto ao qual deva corresponder o primeiro ou negar o segundo, mas eles encerram as compreensões acerca da realidade própria de seus horizontes culturais.[437]

Isso coloca uma nova tarefa diante da filosofia: Como pensar a realidade no sentido de afirmá-la e, ao mesmo tempo, perceber os limites que determinado sistema epistemológico possui? Em aceitando a universalidade da realidade, como não aceitar a universalidade do discurso? Este não é realmente um problema à medida que se consegue perceber que universalidade da realidade não corresponde necessariamente à universalidade do discurso. A realidade não se dá unicamente a uma perspectiva discursiva, mas está aberta à dinâmica hermenêutica das comunidades discursivas que a acolhe.

Todo discurso é, portanto, um discurso. Toda experiência da realidade é uma experiência. Isso não lhes esvazia de sua autoridade e relevância, porém as limita à extensão da comunidade a quem se destinam primeiramente, ou seja, àqueles e àquelas que partilham do mesmo horizonte histórico-cultural onde a percepção da realidade é realizada.

Nessa direção afirma-se ainda a contribuição de G. Vattimo, quando elabora aquilo que ele chama de libertação da metáfora.

> *E, pois bem, hoje parece que um dos principais efeitos filosóficos da morte do Deus metafísico e do descrédito geral ou quase, em que caiu todo o tipo de fundamento filosófico, foi justamente o de ter criado um terreno fértil para uma possibilidade renovada da experiência religiosa. Tal possibilidade retorna (...) por meio da libertação da metáfora. É um pouco como se, no final, Nietzsche tivesse razão ao preconizar a criação de muitos novos deuses: na babel do pluralismo*

---

437 ROCHA, Alessandro. Op. cit., p. 135.

> *de fins da modernidade e do fim das metanarrativas, se multiplicam as narrativas sem um centro ou uma hierarquia.*[438]

G. Vattimo observa que a libertação da metáfora é a libertação da experiência em perspectiva plural. É a possibilidade de dizer a própria experiência não com os signos dos dominadores, mas a partir da própria realidade. Na libertação da metáfora nega-se a hegemonia do discurso unívoco, que se pretendia regulador de toda discursividade.

A apologética, enquanto aparelho de coerção, foi enquadrando toda diversidade discursiva, harmonizando-a sob pena de sanções pesadíssimas, de anatematizações vexatórias e rotulação de heresia. Teorizando sobre essa dinâmica de controle, G. Vattimo observa que "somente ao se estabelecer uma sociedade e uma casta de dominadores nasce a obrigação de se "mentir segundo uma regra estabelecida", ou seja, de se usar, como única língua "apropriada", as metáforas dos dominadores".[439] O resultado de tal procedimento de coerção acaba "fazendo com que as outras linguagens sejam degradadas a condição de puras linguagens metafóricas, ao campo poético".[440]

Tal processo de dominação da linguagem a partir da recepção e naturalização da regra metafísica na gramática da cultura é muito profundo. Libertar-se dele, contudo é vital. Fazê-lo, porém, é uma tarefa contínua.

> *Naturalmente, a libertação da metáfora de sua subordinação a um sentido próprio só aconteceu em linha de princípio, pois na prática, na sociedade pluralista, ainda estamos longe de ver realizada*

---

438 VATTIMO, Gianni. *Depois da cristandade*. Rio de Janeiro: Record, 2004, p. 25.
439 *Ibid.*
440 *Ibid.*

> *uma perfeita igualdade entre as formas de vida (culturas diversas, grupos, minorias etc., de vários tipos) expressas pelos diferentes sistemas de metáforas.*[441]

É exatamente no sentido de dar continuidade a esse processo que G. Vattimo diz estar incompleto, que se toma aqui a questão da libertação da metáfora como "pano de fundo" para a proposição de um ampliado campo semântico, onde se possa operar uma racionalidade aberta que permita à discursividade teológica expressar-se nesse nosso tempo pós-moderno. Nesse "pano de fundo" inserimos outros dois importantes elementos do pensamento de G. Vattimo: o *Pensiero Debole* e, sua interpretação sobre a *Kenosis*.

Porém, não podemos encerrar esse tópico sem levar em consideração os desdobramentos da fixação de tal pano de fundo como cenário próprio à racionalidade no contexto pós-moderno. Como diz G. Vattimo:

> *O reconhecimento de direitos iguais para as culturas outras que no plano político ocorreu com o final do colonialismo e no plano teórico com a dissolução das metanarrativas eurocêntricas, no caso das Igrejas cristãs exige o abandono dos comportamentos "missionários", isto é, da pretensão de levar ao mundo pagão a verdade única.*[442]

Aqui se encontra a radicalidade que a tese da morte de Deus propõe ao pensamento. Explodida a unicidade epistemológica, libertada a condição metafórica frente à verdade, a teologia é convidada a perceber os limites de seu discurso. G. Vattimo explora esse convite levando-o às suas mais profundas consequências.

---

441 *Ibid.*, p. 26.
442 *Ibid.*, p. 64.

> *O reconhecimento da verdade das outras religiões [...] requer um esforço intensificado para desenvolver a leitura espiritual da Bíblia e também de tantos dogmas da tradição eclesiástica, de maneira que se possa colocar em evidência o cerne da revelação, ou seja, a caridade, mesmo à custa, obviamente, do enfraquecimento das pretensões de validade literal dos textos e de peremptoriedade do ensinamento dogmático.*[443]

Isso tudo significa que não estamos somente diante de uma reformulação da explicitação da realidade, coisa que poderia ficar na epidérmica dimensão da oratória. Mas, nos encontramos face ao chamado de conversão das nossas estruturas mentais, de nossa forma de compreensão da realidade e, dos meios de apreendê-la e nomeá-la. Na perspectiva de G. Vattimo estamos diante da passagem do modo ser derivado do pensamento forte, ao modo de ser próprio do pensamento fraco.

5 - *Pensiero debole* como afirmação de uma epistemologia para a pós-modernidade

O *pensiero debole* é uma outra forma de ser no mundo frente à condição metafísica que propõe o pensamento forte, o racionalismo fechado, o discurso unívoco. É por isso uma ontologia *debole*,[444] que G. Vattimo acredita ser a própria transcrição da mensagem cristã.[445] O *pensiero debole*, nesse sentido, encontra-se no horizonte da própria

---

443 *Ibid.*

444 VATTIMO, Gianni. *Credere di Credere*. Milano: Garzanti, 1996. Utilizaremos a seguinte tradução: VATTIMO, Gianni. *Acreditar em acreditar*. Lisboa: Relógio D'Água editores, 1998, p. 34.

445 *Ibid.*

mensagem do evangelho que diz que Deus não se apegou ciosamente à sua condição divina que empunha certo distanciamento, mas se esvaziou – "kenotizou-se" – assumindo a condição histórica[446] e toda contingência dela decorrente.

G. Vattimo observa pontualmente que "Pensamento débil [...] significa não tanto, ou não essencialmente, uma ideia do pensamento mais consciente dos seus limites, que abandona as pretensões das grandes visões metafísicas globalizantes etc.; mas, sobretudo, uma teoria do debilitamento como traço constitutivo do ser na época do fim da metafísica".[447]

Tal enfraquecimento da razão metafísica, sobretudo como esta se mostra na modernidade, é uma tarefa continua e sempre aberta da racionalidade pós-moderna. Na introdução do livro *Il Pensiero Debole*,[448] G. Vattimo descreve da seguinte forma sua tese acerca de tal categoria:

> *A expressão* pensamento débil *constitui, sem nenhuma dúvida, uma metáfora e um certo paradoxo. Porém em nenhum caso poderá transformar-se na sigla emblemática de uma nova filosofia. Se trata de uma maneira de falar provisória, e inclusive, talvez, contraditória, mas que assinala um caminho, uma direção possível: uma "lanterna" que se separa do que segue a razão-domínio, – traduzida e camuflada de mil modos diversos, porém sabendo que ao mesmo tempo um adeus definitivo a essa razão é absolutamente impossível.*[449]

---

446   Cf. Filipenses 2., pp. 6-7.

447   VATTIMO, Gianni. *Acreditar em acreditar*. p. 25.

448   VATTIMO Gianni & ROVATTI, Pier Aldo (eds.). *El Pensamiento Débil*. 5ª edição. Madri: Ediciones Cátedra, 2006, p. 11.

449   *Ibid.*, p. 16.

Seu pensamento – que em nenhuma hipótese pode ser tomada como irracionalista –[450] se centra numa revisão do papel da filosofia em nossa sociedade e a transformação da capacidade do pensar e das funções e efeitos sociais desse pensamento nas práticas cotidianas. "Mas talvez isso também seja, ademais de um procedimento tradicional do discurso filosófico [...], um modo, mesmo que 'fraco', de vivenciar a verdade, não como objeto de que nos apropriamos e que transmitimos, mas como horizonte e pano de fundo no qual, discretamente, nos movemos".[451]

O *pensiero debole*, portanto, conduz o discurso sobre a realidade, de uma fala unívoca, que fundada sobre a metafísica pode reclamar extensão e profundidade universais, a uma forma fraca de "experimentar" a realidade, onde história e cultura situam todo discurso, impedindo-o de qualquer pretensão de falar para além do próprio horizonte. Há, portanto, um deslocamento de uma matriz metafísica geradora de um pensamento forte, a uma matriz hermenêutica geradora do pensamento fraco.

Numa realidade complexa, onde se reconhece a diversidade em todos seus matizes, não se deve mais evocar um pensamento forte, que baseado num fundamento último e imutável, exclui a diferença identificando-a como erro. Essa nova sociedade pós-moderna é, consequentemente, menos dogmática, conhecedora da diversidade e participante de uma nova cultura da tolerância. O *pensiero debole* é,

---

450 VATTIMO, Gianni. *A sociedade transparente*. Lisboa: Relógio D'Água editores, 1992, p. 14.

451 VATTIMO, Gianni. *La Fine della Modernità*. Milano: Garzanti, 1985. Utilizaremos a seguinte tradução: VATTIMO, Gianni. *O fim da metafísica*. São Paulo: Martins Fontes, 1996, p. 20.

portanto, um pensamento da diversidade, profundamente inserido no universo hermenêutico.

Esse caminho do *pensiero debole* pelas sendas da hermenêutica é descrito por G. Vattimo nos seguintes termos:

a) O conhecimento é sempre interpretação e nada mais que isso.[452]

b) A interpretação é o único *fato* de que podemos falar [...]. Na interpretação dá-se o mundo, não há apenas imagens 'subjetivas'. Mas o ser (a realidade ôntica) das coisas é inseparável do ser aqui homem.[453]

c) A interpretação, quanto mais queremos captá-la em sua autenticidade, mais se revela como eventual, histórica.[454]

d) Se mesmo o fato de que não existem fatos, apenas interpretações é – como Nietzsche lucidamente reconheceu – uma interpretação, ela só poderá se realizar como resposta interessada a uma situação histórica determinada.[455]

Essa irredutível condição hermenêutica de que o conhecimento é que reclama uma matriz de pensamento que ouse dizer uma palavra acerca da realidade, mesmo sabendo que tal palavra é constitutivamente

---

452 VATTIMO, Gianni & RORTY, Richard. *Il Futuro della Religione. Solidarietá, Caritá e Ironia.* Milano: Garzanti, 2004. Utilizaremos a seguinte tradução: VATTIMO, Gianni & RORTY, Richard. *O futuro da religião.* Rio de Janeiro: Relume Dumará, 2006, p. 64.

453 *Ibid.*

454 *Ibid.*, p. 65.

455 *Ibid.*

debole, é fraca não por imprecisão cognitiva, mas por esclarecimento epistemológico. Ou seja, o *pensiero debole* não é um refúgio da modernidade, é a própria alma da pós-modernidade. Dessa forma o *pensiero debole* consegue focar o fato na interpretação, sem precisar ver nesta um obstáculo àquele. Nesse sentido G. Vattimo afirma:

> *Se assim os fatos revelam que não são mais do que interpretações, por outro lado a interpretação se apresenta, ela mesma, como o fato: a hermenêutica não é uma filosofia, mas a enunciação da própria existência histórica na época do fim da metafísica.*[456]

A novidade apresentada por G. Vattimo é sua percepção de que o movimento de enfraquecimento do pensamento tem suas raízes no próprio cristianismo, sendo mesmo o cerne da mensagem cristã. Ele diz: "O cristianismo introduz o princípio da interioridade, com base no qual a realidade 'objetiva' perderá pouco a pouco o seu peso determinante".[457] Lendo a tradição filosófica que dá as bases da pós-modernidade, G. Vattimo propõe que "a frase de Nietzsche 'não há fatos, apenas interpretações' e a ontologia hermenêutica de Heidegger não farão mais do que levar tal princípio (interioridade proposta pelo cristianismo) às suas consequências extremas".[458]

Ao assumir tal herança de enfraquecimento das mãos da tradição cristã, a filosofia se vê diante de uma tarefa desafiadora: reconciliar verdade e caridade. Ou seja, objetividade em seu *status* científico e multiplicidade das experiências e suas expressões próprias da condição subjetiva/intersubjetiva de homens e mulheres delimitados (encarnados) em suas

---

456 *Ibid.*
457 *Ibid.*, p. 67.
458 *Ibid.*, p. 67.

tradições histórico-culturais. Para G. Vattimo isso se intensifica no Ocidente apresentando a tarefa de "reconhecer que o sentimento redentor da mensagem cristã desdobra-se precisamente na dissolução das pretensões da objetividade".[459] Esta realidade tem incidência até mesmo na teologia e nas instituições eclesiásticas. G. Vattimo afirma que "somente dessa forma a Igreja poderia finalmente sanar até mesmo o confronto entre verdade e caridade que a tem como assediado no curso da história".[460]

A partir de uma reflexão filosófica, G. Vattimo interpreta o evangelho[461] propondo "a verdade, que segundo Jesus, nos tornará livres não é a verdade objetiva das ciências e nem mesmo a verdade da teologia: assim como não é um livro de cosmologia, a Bíblia não é também um manual de antropologia ou de teologia".[462] Pensando no nível da teologia fundamental G. Vattimo pauta o tratado da revelação lendo-o na lógica do *pensiero debole*. Nesse sentido ele afirma que "a revelação escritural não é feita para nos fazer saber sobre o cosmo, como Deus é, quais são as 'naturezas' das coisas ou as leis da geometria – e para salvar-nos, assim, por meio do 'conhecimento' da verdade".[463]

Fiel à lógica de seu pensamento, ele então conclui: A única verdade que as Escrituras nos revelam, aquela que não pode, no curso do tempo, sofrer nenhuma desmistificação – visto que não é um enunciado experimental, lógico, metafísico, mas sim um apelo prático – é a verdade do amor, da *caritas*.[464]

---

459   *Ibid.*, p. 71.

460   *Ibid.*

461   João 14.6.

462   VATTIMO, Gianni & RORTY, Richard. *O futuro da religião*. p. 71.

463   *Ibid.*

464   *Ibid.*, p. 71.

O *pensiero debole*, operando numa lógica hermenêutica, oferece à teologia um caminho de retorno à sua condição original. Com o horizonte marcado pela libertação da metáfora, o *pensiero debole* propõe à experiência da fé cristã a oportunidade de recuperar sua historicidade, e com ela a única forma de ser universal: sendo situada nas últimas consequências do que isso significa. Isso é propriamente o giro "kenótico" que a teologia é chamada a fazer.

Isso coloca diante da tradição cristã um chamado à conversão, um apelo ao abandono de estruturas epistemológicas objetivistas e objetivantes, onde a experiência da fé é esvaziada de sua fertilidade, para servir tão somente como argumento de plausibilidade diante de uma impossível teodiceia. G. Vattimo identifica o papel que a filosofia da religião é chamada a desempenhar nesse processo de conversão "afetivo--intelecto-espiritual" que é apresentado pela modernidade:

> *Entre a demonstração metafísica de verdade do cristianismo (preambula* fidei *e a historicidade da ressurreição) – e consequentemente de sua falsidade em relação à razão científica – e a aceitação quase naturalista das diversidades entre os indivíduos, sociedades, culturas, existe uma terceira possibilidade, aquela que pertence ao cristianismo como mensagem histórica da salvação. Aqueles que seguiram Cristo quando ele se apresentou na Palestina, não o fizeram apenas porque viram os milagres; mais que isso: os muitos que vieram nos séculos sucessivos sequer viram os milagres. Acreditaram, como dizemos em italiano,* sulla parola *(na palavra dada); ou ainda:* fides ex auditu *(acreditaram porque ouviram dizer). A adesão ao ensinamento de Jesus é derivada de uma inderrogabilidade da própria mensagem: quem crê, entendeu, ouviu, intuiu que sua palavra é "palavra de vida eterna".*[465]

---

465 *Ibid.*, p. 73.

Seguindo essa intuição entramos em um cenário, onde a verdade filosófica sobre a religião apresentada é acolhida não tanto por sua logicidade interna, autoridade magisterial, ou pelo uso dos variados instrumentos de coerção. Mas, por quanto tal verdade permite um encontro existencial daquele que a ouve e é chamado a acolhê-la. Em termos práticos estamos diante de uma marca da superação do racionalismo moderno dirigido pelas concepções unívocas dos modelos fechados, das grandes verdades, de fundamentos consistentes, da história como pegada unitária do acontecer.

Vinte e cinco anos depois do lançamento do *Il Pensiero Debole* G. Vattimo faz um balanço de seu pensamento – sobretudo da categoria *pensiero debole* – ponderando sua atualidade e desatualização. Em *O que está vivo e o que está morto no pensamento fraco*[466] G. Vattimo retoma e, de certa forma, radicaliza sua antiga tese. Ele afirma: "o pensamento fraco é a única filosofia cristã disponível na pós-modernidade".[467]

Para o filósofo de Turim "é a encarnação do filho de Deus que nos libertou do poder da 'verdade' em nome do qual se pode perseguir, condenar à fogueira, promover guerras de religião e cruzadas. É verossímil que o pensamento fraco declare que a verdade é Jesus e só ele".[468] Contudo, isso significa que o pensamento fraco é um apelo de Cristo para a humanidade viver "um amor recíproco que não se fundamenta em

---

466 VATTIMO, Gianni. Em: *O que está vivo e o que está morto no pensamento fraco*. In PECORARO, Rossano & ELGELMANN, Jaqueline (org.). *Filosofia contemporânea: niilismo – política – estética*. Rio de Janeiro: Editora PUC-Rio; São Paulo: Loyola, 2008, p. 9-16.

467 *Ibid.*, p. 12.

468 *Ibid.*, p. 14.

nenhuma 'verdade' teórica",[469] antes, que experimente "uma libertação da verdade como objetividade".[470] G. Vattimo conclui sua revisão do *pensiero debole* dizendo:

> *Pois, em uma perspectiva hermenêutica, o seu valor não depende de uma adequação a um dado objetivo, a "verdade" que se constrói na invenção, recepção, modificação das interpretações consiste inteiramente na sua maior ou menor "conservação", em um contexto dialógico, cujo fim último não é, porém, a verdade, mas o amor recíproco sempre menos obstado por limites "objetivos"; ou seja, o "reino de Deus".*[471]

O *telos* do *pensiero debole*, portanto, é um "mundo em que nenhuma 'essência' natural põe limites à liberdade".[472] Tendo em mente tal teleologia o *pensiero debole*, como projeto de enfraquecimento, tem plena atualidade.[473] Tal vigor apresenta à pós-modernidade um caminho de tolerância à diversidade. Nesse cenário o cristianismo identifica traços que lhe são constitutivos. Sobretudo, identifica a gênese mesmo de todo o processo de enfraquecimento do pensamento, que não é mais do que a história do enfraquecimento do ser que se revela no mistério cristão da encarnação, da *kenosis*.

---

469   *Ibid.*, p. 15.
470   *Ibid.*
471   *Ibid.*, p. 16.
472   *Ibid.*
473   *Ibid.*, p. 16.

6- A *kenosis* como elemento de afirmação de uma filosofia da religião no diálogo com a pós-modernidade

A *kenosis*,[474] como categoria filosófica central do pensamento de G. Vattimo, é o lugar pós-moderno por excelência para a teologia cristã. Ela é o princípio de uma nova ontologia: de uma ontologia do enfraquecimento. É isso que G. Vattimo propõe, perguntando de forma

---

474 Na *Chave linguística do Novo Testamento* de Fritz Rienecker e Cleon Rogers, da Editora Vida Nova, encontramos a seguinte definição: "esvaziar, tornar vazio, tornar sem efeito. A palavra não significa que ele esvaziou-se de sua divindade, mas sim que ele esvaziou-se da manifestação da sua divindade [...], a palavra é uma expressão vívida da inteireza de sua autorrenúncia e sua recusa de usar o que ele tinha para seu próprio benefício". p. 408.
Uma significativa reflexão sobre o tema da *kenosis* na história da teologia do século XX pode ser encontrada em: ELWELL, Walter A. (edição). *Enciclopédia histórico-teológica da Igreja Cristã.* vol. II. São Paulo: Vida Nova, 1992, pp. 395-399.
Na carta de Paulo aos Filipenses 4. pp. 6-8, encontramos o texto mais explícito sobre a temática da *kenosis*:

> "Ele tinha a condição divina,
> e não considerou o ser igual a Deus
> como algo a que se apegar ciosamente.
> Mas **esvaziou-se** a si mesmo,
> e assumiu a condição de servo,
> tomando a semelhança humana.
> E, achado em figura de homem,
> humilhou-se e foi obediente até a morte,
> e morte de Cruz!."

retórica: "Mas terá sentido pensar a doutrina cristã da encarnação do filho de Deus como anúncio de uma ontologia do debilitamento?".[475]

A encarnação, assim como apresenta G. Vattimo, é a afirmação de que Deus se fez história e faz caminhada concreta com o povo. Desta forma todo distanciamento que a metafísica impôs sobre Deus – distanciamento legitimador dos processos violentos de controle e distribuição de sentido – é eliminado. Não que Deus se dissolva em pura imanência, mas antes, que a partir da kenosis, Ele se mostra na transparência de toda imanência. A total transcendência de Deus, bem como todos os mecanismos epistemológicos decorrentes dela, é superada. O Deus que "se fez homem em Jesus, mostrando, portanto, seu parentesco com a natureza, ou ainda, como diríamos nós, inaugurando, assim, a dissolução da sua transcendência".[476]

No rastro desse Deus kenótico G. Vattimo encontra a expressão filosófica da pós-modernidade: "a encarnação, isto é, o rebaixamento de Deus ao nível do homem, aquilo que o Novo Testamento chama de *kenosis* de Deus, deverá ser interpretada como sinal de que o Deus não violento e não absoluto da época pós-metafísica tem como traço distintivo a mesma vocação para o debilitamento de que fala a filosofia de inspiração heideggeriana".[477] A história da revelação de Deus na encarnação de Jesus mostra que não são duas histórias, uma sagrada e outra profana, mas apenas uma. E esta é a nossa história humana. Ou melhor, as muitas histórias de homens e mulheres.

Na *kenosis* G. Vattimo vê a antecipação da cultura pós-moderna com seus traços distintivos. Ele afirma que a "secularização [...] não

---

475 VATTIMO, Gianni. *Acreditar em acreditar*. p. 27.
476 VATTIMO, Gianni. *Depois da cristandade*. p. 40.
477 VATTIMO, Gianni. *Acreditar em acreditar*. p. 30.

deve ser entendida como um decréscimo ou uma despedida do cristianismo, mas como uma realização mais plena da sua verdade que é, recordemo-la, a *kenosis*, o rebaixamento de Deus, o desmentir dos traços 'naturais' da divindade".[478] Para G. Vattimo, portanto, não há qualquer contradição entre secularização e mensagem cristã, sobretudo se esta é compreendida em sua dimensão mais radical. Dessa forma "a encarnação de Jesus é ela mesma, acima de tudo, um fato arquetípico de secularização".[479]

Exatamente por isso, a encarnação de Deus é um rebaixamento, mas também uma doação de sentido à história. O Deus que se rebaixa, quando o faz, dá de si a homens e mulheres que podem encontrar em suas histórias sacralizadas, ou radicalmente dessacralizadas, a salvação que se anuncia sentido comunicado onde parecia só haver dogmatismos. O Deus "kenótico" inaugura um sentido fundado na eventualidade do ser.

O tema da eventualidade do ser é muito importante nesse momento. Ele expressa a incidência da *kenosis* nas estruturas epistemológicas e também existenciais. A *kenosis*, que é enfraquecimento, traz à luz uma ontologia do enfraquecimento. Nesse sentido o ser não é mais uma estrutura fixa a ser encontrada em determinado lugar a partir dos instrumentos da metafísica, mas um evento a ser celebrado no diálogo. Refletindo sobre tal temática G. Vattimo afirma o seguinte: "Quando nós pensamos que (1) o 'ser' é um evento do *logos*, (2) o *logos* é 'diálogo', e (3) o diálogo é o momento do discurso intersubjetivo; então nossa preocupação ontológica é a de como ser capaz de 'encontrar' o ser, não achar algo que já está lá, mas construir algo que mantém, que resiste ao tempo".[480]

---

478 *Ibid.*, p. 39.

479 VATTIMO, Gianni. *Depois da cristandade*, p. 86.

480 VATTIMO, Gianni & RORTY, Richard. *O futuro da religião*, p. 90.

O teológico e o epistemológico se expressam na *kenosis* e na eventualidade do ser como sendo um mesmo acontecimento. A historicidade radicalizada pela encarnação reclama uma concepção da verdade igualmente radical (relacionada à raiz) e historicizada. Em outras palavras, se constitui em um mesmo acontecimento tanto a passagem da transcendentalização do Deus metafísico à "kenotização" do Deus de Jesus Cristo, quanto a passagem de uma concepção do ser como estrutura à concepção do ser como evento.[481] Ambas só são possíveis na lógica do enfraquecimento, ou seja, do *pensiero debole*.

Isso é tão claro para G. Vattimo que ele mesmo se coloca a seguinte questão: "se me pergunto [...] por que uma visão da história do ser como destino de enfraquecimento nos parece persuasiva, a resposta que nos vem à mente é: somos herdeiros de uma cultura que se nutriu dos valores cristãos [...] da *kenosis* de Deus".[482] Exatamente em função de tal parentesco é que o cristianismo como religião se mostra como proposta atualizada para nossa cultura pós-moderna.[483] E ainda mais, é ele – desde sua origem "kenótica" – quem dá sentido mesmo à cultura Ocidental em todos os seus momentos e ainda mais radicalmente à esse período que vivemos.

Deus encarna, isto é, revela-se num primeiro momento, na anunciação bíblica que, no final, "dá lugar" ao pensamento pós-metafísico da eventualidade do ser. Só na medida em que encontra a própria proveniência neotestamentária é que esse pensamento pós-metafísico pode se configurar como pensamento da eventualidade do ser, não reduzida à pura aceitação do existente, ao puro relativismo histórico e cultural.

---

481 VATTIMO, Gianni. *Depois da cristandade*, p. 33.
482 *Ibid.*, p. 34.
483 *Ibid.*, p. 35.

Ou ainda: é o fato da encarnação conferir à história o sentido de uma revelação redentora, e não somente de um confuso acúmulo de acontecimentos que perturbam e estruturalidade pura do verdadeiro ser.[484]

Ao menos dois elementos podem ser inferidos da leitura que G. Vattimo faz da encarnação de Cristo: o primeiro se refere a uma enorme sensibilidade à memória, sobretudo àquela de corte marginal. Sobre essa sensibilidade ele afirma:

> *Nas Teses de filosofia da história, Benjamin falou da "história dos vencedores": só do ponto de vista desses o processo histórico aparece como um curso unitário, dotado de consequencialidade e racionalidade; os vencidos não podem vê-lo assim, mesmo e sobretudo porque seus fatos e suas lutas são voluntariamente da memória coletiva. Quem administra a história são os vencedores, que conservam apenas o que coaduna com a imagem que dela fazem para legitimar seu poder.*[485]

O *pensiero debole* permite uma nova relação com a história, percebendo-a em sua condição plural e policêntrica. Dessa forma, tradições teológicas e espirituais perdidas nas engrenagens excludentes do pensamento forte, são reabilitadas como lugares de experiência para a fé.

> *E assim, o "pensamento débil" pode cercar-se de novo do passado através daquele filtro teórico que cabe qualificar como* pietas. *Uma imensa quantidade de mensagens, emitidas constantemente pela tradição, podem de novo serem escutadas, graças a uma escuta, que conscientemente, se tem capacitado para isso.*[486]

---

484   VATTIMO, Gianni. *O vestígio do vestígio*. Em: *A religião*, p. 106.
485   VATTIMO, Gianni. *O fim da modernidade*, pp. 14-15.
486   VATTIMO, Gianni. *O pensamiento débil*, p. 17.

O segundo elemento presente na interpretação de G. Vattimo acerca da *kenosis* é a condição relacional necessária à eventualidade do ser. O ser não é algo último e definitivamente dado, antes, o ser se dá como evento e relacionalidade. Aqui a teologia encontra um dos elementos mais férteis desse solo pós-moderno.

> *Essa dissolução da estabilidade do ser é apenas parcial nos grandes sistemas do historicismo metafísico do século XIX; aí, o ser não "está", mas se torna, de acordo com ritmos necessários e reconhecíveis, que, portanto, ainda conservam certa estabilidade ideal. Nietzsche e Heidegger pensam-no, ao contrário, radicalmente, como evento, sendo, portanto, decisivo para eles, precisamente para falar do ser, compreender "em que ponto" nós e ele próprio estamos.*

Nesse sentido, para G. Vattimo, "a ontologia nada mais é que interpretação da nossa condição ou situação, já que o ser não é nada fora do seu 'evento', que acontece no seu e no nosso historizar-se".[487]

Numa discursividade metafísica, construída sobre a lógica do pensamento forte, a teologia está presa à univocidade e impedida de qualquer diálogo com o cotidiano. Ao contrário, numa discursividade hermenêutica, construída sobre a diversidade aberta do *pensiero debole*, a teologia encontra um horizonte situado que, embora menor, oferece todo um conjunto de elementos férteis a novas elaborações.

Dessa forma:

> *O ser não está escrito em nenhum lugar em um tipo de estrutura chomskiana mais qualificada da linguagem, mas é apenas o resultado do diálogo humano. Isso me parece muito mais próximo à máxima*

---

487 VATTIMO, Gianni. *O fim da metafísica*, p. 10.

> evangélica cristã *"quando dois ou mais de vocês estiverem juntos em meu nome eu estarei entre vós".*[488]

Concluindo, G. Vattimo diz: "Assim, é exatamente lá que Deus está presente, mesmo Jesus diz que quando você vê uma pessoa pobre na esquina de uma rua Deus está lá e não em lugar nenhum mais".[489]

7- *Caritas* como expressão prática do *pensiero debole*

A *caritas* é o núcleo da encarnação e carrega em seu bojo o projeto ético de superação da metafísica, configurando-se como o limite e critério da secularização.[490] A *caritas* da secularização promove o estabelecimento de relações amigáveis entre o divino e o humano, relações marcadas pela *philia*, possibilitando uma releitura pós-metafísica do cristianismo e de sua mística, o que permite uma superação desta num outro contexto de autenticação da vida cristã.

Assim, fruto da longa história de salvação, a modernidade democrática secularizou o amor-*ágape*, vinculando-o ao amor por toda a humanidade e, com a democracia, à ruptura com a indiferença e a inimizade. Não se ama metafisicamente o próximo, objetivando-o; daí, o empreendimento ético-hermenêutico do niilismo contra esta coisificação do outro. Por isso G. Vattimo comenta a célebre sentença atribuída a Aristóteles por seus primeiros biógrafos, *Amicus Plato sed magis amica veritas*.[491]

---

488 VATTIMO, Gianni & RORTY, Richard. *O futuro da religião*. p. 90.

489 *Ibid.*

490 VATTIMO, Gianni. *Para além da interpretação – O significado da hermenêutica para a filosofia*. p. 52.

491 *Ibid.*, p. 62.

Diante de tal proposição aristotélica G. Vattimo propõe sua antítese: *Amigo da verdade, mas mais amigo dos amigos*.[492] Sentença que acompanha a evangélica escolha dostoievskiana de Cristo contra a verdade.[493] Consoante a essa escolha, G. Vattimo preconiza uma "fé reduzida", sem conteúdos fixos e substancialistas, e comprometida com o próximo.[494]

A retomada niilista do enfraquecimento trazida pela kenosis motiva uma inesgotável e contínua reinterpretação da fé. Processo que dilui a pretensão de objetividade dos eventos históricos, o que faz G. Vattimo afirmar: "Não é escandaloso dizer que não acreditamos no Evangelho porque sabemos que Cristo ressuscitou, mas que acreditamos que Cristo ressuscitou porque o lemos no Evangelho".[495]

"Deus ressuscitou na história da Igreja, na história de uma humanidade já transformada pela mensagem do Evangelho".[496] Cabe-nos exclusivamente o reconhecimento de nossa condição de "já transformados" por uma determinada tradição religiosa. Não há uma escolha religiosa desde um fictício ponto zero. Por isso não seria plausível uma reflexão essencialista sobre a experiência da fé, mas sua análise a partir de uma determinada experiência histórica, como a que se dá no cristianismo.

A relação entre o evento "kenótico" – que na carta aos filipenses compreende o rebaixamento de Deus acompanhado de sua exaltação após a ressurreição – e a *caritas* é de absoluta necessidade: é na expressão

---

492   VATTIMO, Gianni & RORTY, Richard. *O futuro da religião*, p. 71.

493   *Ibid.*

494   VATTIMO, Gianni. *Acreditar em acreditar*. Lisboa: Relógio D'Água, 1998, pp. 74-78.

495   VATTIMO, Gianni & RORTY, Richard. *O futuro da religião*, pp. 69-70.

496   VATTIMO, G. Entrevista. *CULT - Revista Brasileira de Literatura*, p. 9, Março/2001.

da *caritas* que a *kenosis* se realiza e, é a *kenosis* que exige a *caritas* como forma de expressar-se na realidade da existência.[497] Tocando o cerne da cristologia G. Vattimo propõe: "A interpretação que Jesus Cristo dá das profecias do Antigo Testamento, ou melhor, a interpretação dessas profecias que ele próprio *é*, revela que o verdadeiro sentido é um só: o amor de Deus pelas criaturas".[498]

No cristianismo está o princípio pelo qual tudo pode ser mudado na história da interpretação do Evangelho, menos a caridade.[499] G. Vattimo leva sua compreensão do cristianismo "kenótico" às últimas consequências que a *caritas* pode propor. Nesse sentido ele afirma que "como religião da caridade, o cristianismo é a religião da pós-modernidade, no sentido que nega a ideia idólatra de que haja uma direção unitária verdadeira na história".[500] Isso pode permitir à teologia e às Igrejas uma postura menos autoritária e mais aberta "às tradições locais e às contaminações, no sentido literal da palavra, às misturas".[501]

Na lógica da *caritas* como expressão do *pensiero debole* a ideia de Deus é reelaborada. O Deus morto, o ídolo metafísico, que sustentou a ideologia do mundo ordenado (ordenamento que muitas vezes se construiu sobre a violência da metafísica) é substituído pela ideia de Deus como desordem do mundo. Deus "é aquele que nos chama a não considerar como definitivo nada disto que já está aqui.

---

497 VATTIMO, Gianni. *Acreditar em acreditar*. P. 59.

498 *Ibid.*, p. 60.

499 VATTIMO, Gianni. *O cristianismo é a religião da pós-modernidade*. Em: Cadernos IHU em formação: *Os desafios de viver a fé em uma sociedade pluralista e pós-cristã*. São Leopoldo: ano 2, n. 24, 2007, p. 13.

500 *Ibid.*

501 *Ibid.*, p. 14.

Deus é projeto, e nós o encontramos, quando temos a força para projetar".[502]

Assumir tal "projetar" como princípio para a vivência e comunicação da fé – e isso deve ser dito claramente – põe a teologia diante de uma condição de enfraquecimento de seu discurso, bem como coloca a Igreja na difícil lógica da *kenosis*. Uma mensagem cristã "reduzida" à caridade é também fraca no sentido literal da palavra,

> *como o pensamento fraco sempre quis ser: não uma teoria carregada de dogmas e princípios fundamentais, mas uma atitude de liberdade que abre o caminho para toda enunciação teórica, enquanto escuta autenticamente as interpretações que são propostas e as responde com uma outra interpretação.*[503]

Há um único princípio inalienável: o amor. Este não está em contradição com a verdade, somente estaria se esta fosse uma verdade que reclamasse uma objetividade descolada da realidade das histórias de homens e mulheres. Pensando nisto G. Vattimo propõe que é Jesus quem articula adequadamente o princípio da verdade e do amor. Ele diz:

> *A verdade que, segundo Jesus, nos tornará livres não é a verdade objetiva das ciências e nem mesmo a verdade da teologia: assim como não é um livro de cosmologia, a Bíblia também não é um manual de antropologia ou de teologia. A revelação escritural não é feita para nos fazer saber como somos, como Deus é [...]. A única verdade que as Escrituras nos revelam, aquela que não pode, no curso do tempo, sofrer nenhuma desmistificação – visto que não é um enunciado*

---

502 *Ibid.*, p. 17.
503 VATTIMO, Gianni. Em: *O que está vivo e o que está morto no pensamento fraco*, P. 15.

> *experimental, lógico, metafísico, mas sim um apelo prático – é a verdade do amor, da caritas.*[504]

Do processo de enfraquecimento das estruturas estáveis do ser inaugurado pela morte de Deus – ídolo da metafísica – emerge o *pensiero debole* como forma de comunicar a realidade kenotizada. A forma de expressão dessa "ontologia da atualidade" é, irredutivelmente, a *caritas*. O percurso inaugurado na morte de Deus, instauradora de toda espécie de violência, ganha sua teleologia na caridade compreendida como amor. "Na renúncia ao mito absoluto da verdade e na abertura aos inúmeros mitos que constituem o "ser-linguagem-tempo", segundo o filósofo turinense, ressoa a prescrição evangélica do amor".[505]

---

504 VATTIMO, Gianni & RORTY, Richard. *O futuro da religião*. P. 71.
505 TEIXEIRA, Evilázio. *Vattimo*. Em: PECORARO, Rossano (Org.). *Os filósofos. clássicos da filosofia. Vol. III, de Ortega y Gasset a Vattimo*. Petrópolis: Vozes, 2009, p. 378.

Conclusão

Pode-se então concluir que na perspectiva de Gianni Vattimo o cristianismo tem uma enorme possibilidade de se afirmar como efetivamente relevante na sociedade pós-moderna. Contudo, para isso, ele precisa assumir sua herança, que em expressão mais radical encontra-se na encarnação de Deus. Esta herança coloca o cristianismo em total sintonia com a pós-modernidade e seu paradigma pós-metafísico.

A partir da compreensão que na morte de Deus ocorre uma pluralização das possibilidades discursivas, G. Vattimo oferece à teologia um caminho de plurifontização dos *loci theologici*. Isso coloca a teologia na lógica da pós-modernidade como era hermenêutica. Os discursos pretensiosamente unívocos cedem espaço aos múltiplos discursos possíveis e, próprios de cada lugar cultural.

Nesse sentido ficou claro como a dimensão metafórica da palavra teológica é libertada. A epistemologia de fundo de tal libertação é o que G. Vattimo identificou como *pensiero debole*. Que, para ele se radica na *kenosis*. É na encarnação de Deus que as estruturas metafísicas são antecipadamente (antes dos ataques de F. Nietzsche e M. Heidegger) destruídas. Por fim, o *pensiero debole* encontra sua forma de expressão prática na *caritas*.

Bibliografia

ABBAGNANO, Nicola. *Dicionário de filosofia*. São Paulo: Companhia das Letras, 2003.

ALVES, Rubem. *Filosofia da ciência. Introdução ao jogo e as suas regras.* 2ª edição. São Paulo: Loyola, 2000.

ALVES, Rubem. *Deus morreu – Viva Deus!* Em: ALVES, Rubem & MOLTMANN, Jürgen. *Liberdade e fé.* Rio de Janeiro: Tempo e Presença, 1972.

ANJOS, Marcio Fabri. *Teologia aberta ao futuro*. São Paulo: Loyola, 1997.

BOFF, Leonardo. *O despertar da águia. O dia-bólico e sim-bólico na construção da realidade.* 13ª ed. Petrópolis: Vozes, 2000.

BOFF, Leonardo. *Experimentar Deus. A transparência de todas as coisas.* 3ª edição. Campinas: Verus, 2002.

BONHOEFFER, Dietrich. *Resistência e submissão. Cartas e anotações escritas na prisão.* São Leopoldo: Sinodal, 2003.

BORNHEIM, Gerd. *Metafísica e finitude*. São Paulo: Editora Perspectiva, 2001.

BRUGGER, Walter. *Dicionário de filosofia*. São Paulo: Herder, 1962.

BUBER, Martin. *O eclipse de Deus. Considerações sobre a relação entre religião e filosofia*. Campinas: Verus, 2007.

BURKHARD, John J., *Apostolicidade ontem e hoje: Igreja ecumênica no mundo pós-moderno*. São Paulo: Loyola, 2008.

CASTIÑEIRA, Angel. *A experiência de Deus na pós-modernidade*. Petrópolis: Vozes, 1997.

CASTRO, Dagmar Silva Pinto de & Outros. *Fenomenologia e análise do existir*. São Bernardo do Campo: UMESP, 2000.

CHAUÍ, Marilena. *Convite à filosofia*. São Paulo: Ática, 2000.

CROATTO, José Severino. *As linguagens da experiência religiosa. Uma introdução à fenomenologia da religião*. São Paulo: Paulinas, 2001.

DARTIGUES, André. *O que é a fenomenologia?* 8ª ed. São Paulo: Centauro, 2003.

DESCARTES, René. *Discurso do método*. São Paulo: Nova Cultural, 2000.

DESCARTES, René. *Meditações*. São Paulo: Nova Cultural, 2000.

ELIADE, Mircea. *O sagrado e o profano. A essência das religiões*. São Paulo: Martins Fontes, 1999.

ELWELL, Walter A. (edição.). *Enciclopédia histórico-teológica da Igreja Cristã,* vol. II. São Paulo: Vida Nova, 1992.

ESPERANDIO, Mary Rute Gomes. *Para entender. Pós-modernidade.* São Leopoldo: Sinodal, 2007.

ESTRADA, Juan Antônio. *Deus nas tradições filosóficas.* vol. 2. *Da morte de Deus à crise do sujeito.* São Paulo: Paulus, 2003.

HAIGHT, Roger. *Dinâmica da teologia.* São Paulo: Paulinas, 2004.

HALL, Stuart. *A identidade cultural na pós-modernidade.* Rio de Janeiro: DP&A editora, 2002.

HAMILTON, William. *A morte de Deus. Introdução à teologia radical.* Rio de Janeiro: Paz e Terra, 1967.

HUSSERL, Edmund. *Meditações cartesianas. Introdução à fenomenologia.* São Paulo: Madras, 2001.

HUSSERL, Edmund. *A ideia da fenomenologia.* Lisboa: Edições 70, 1990.

JOLIVET, Regis. *Tratado de filosofia III. Metafísica.* Rio de Janeiro: Agir, 1965.

LAFONT, Ghislain. *História teológica da Igreja Católica. Itinerário e formas da teologia.* São Paulo: Paulinas, 2000.

LEVINAS, Emmanuel, *Totalidade e infinito.* Lisboa: Edições 70, 1980.

LEVINAS, Emmanuel. *De Deus vem a ideia.* Petrópolis: Vozes, 2001.

LEVINAS, Emmanuel. *Entre nós. Ensaios sobre a alteridade.* Petrópolis: Vozes, 2005.

LIMA VAZ, Henrique C. de. *Escritos de filosofia. Problemas de fronteira.* São Paulo: Loyola, 1986.

LIBANIO, J. Batista. *Desafios da pós-modernidade à teologia fundamental.* Em: TRASFERETTI, José & GONÇALVES, Paulo Sérgio. *Teologia na pós-modernidade. Abordagens epistemológica, sistemática e teórico-prática.* São Paulo: Paulinas, 2003.

LIBANIO, J. Batista. *Teologia da revelação a partir da modernidade.* São Paulo: Loyola, 1992.

LYON, David. *Pós-modernidade.* São Paulo: Paulus, 1998.

LYOTARD, Jean François. *A condição pós-moderna.* Lisboa: Gradiva Publicações, 2003.

MCLAREN, Brian. *Uma ortodoxia generosa. A Igreja em tempos de pós-modernidade.* Brasília: Editora Palavra, 2008.

MAFFESOLI, Michel. *Notas sobre a pós-modernidade. O lugar faz o elo.* Rio de Janeiro: Atlântica, 2004.

MAFFESOLI, Michel. *Elogio da razão sensível.* 3ª ed. Petrópolis: Vozes, 2005.

MAFFESOLI, Michel, *O ritmo da vida: variações sobre o imaginário pós-moderno.* Rio de Janeiro: Record, 2007.

MAFFESOLI, Michel. *O instante eterno. O retorno do trágico nas sociedades pós-modernas.* São Paulo: Zouk, 2003.

MARASCHIN, Jaci & PIRES, Frederico Piper (orgs). *Teologia e pós-modernidade: novas perspectivas em teologia e ciências da religião.* São Paulo: Fonte Editorial, 2008.

MARDONES, José Maria. *A vida do símbolo. A dimensão simbólica da religião.* São Paulo: Paulinas, 2006.

MACMURRAY, John. *The Self as Agent.* London: Faber and Faber Limited, 1957.

MELLO, Anthony. *O canto do pássaro. Contemplar a Deus em todas as coisas e todas as coisas em Deus.* 11ª ed. São Paulo: Loyola, 2003.

MESLIN, Michel. *A experiência humana do divino. Fundamentos de uma antropologia religiosa.* Petrópolis: Vozes, 1992.

MOLTMANN, Jürgem. *Deus na criação. Doutrina ecológica da criação.* São Paulo: Vozes, 1992.

MORIN, Edgar. *Os sete saberes necessários à educação do futuro.* 11ª ed. São Paulo: Cortes. Brasília: UNESCO, 2006.

MOUROUX, J. *L'Esperienza Cristiana.* Brescia: Morcelliana, 1956.

NIETZSCHE, Friedrich. *A gaia ciência.* São Paulo: Companhia das Letras, 2001.

NIETZSCHE, Friedrich. *Crepúsculo dos ídolos (ou como filosofar com o martelo).* Rio de Janeiro: Relume Dumará, 2000.

O'COLLINS, Gerald. *Teologia fundamental.* São Paulo: Loyola, 1991.

OTTO, Rudolf. *O sagrado.* Petrópolis: Vozes. São Leopoldo: Sinodal/EST. 2007.

OLIVEIRA, Vitória Peres de. A fenomenologia da religião: temas e questões sob debate. Em: DREHER, Luís H. *A essência manifesta. A fenomenologia nos estudos interdisciplinares da religião.* Juiz de Fora: UFJF, 2003.

PALÁCIO, Carlos. *Deslocamentos da teologia, mutações do cristianismo.* São Paulo: Loyola, 2001.

PANIKKAR, Raimon. *Ícones do mistério. A experiência de Deus.* São Paulo: Paulinas, 2007.

PANNENBERG, Wolfhart. *Filosofia e teologia. Tensões e convergências de uma busca comum.* São Paulo: Paulinas, 2008.

PENZO, Giorgio & GIBELLINI, Rosino. *Deus na filosofia do século XX*. São Paulo: Loyola, 1998.

PENZO, Giorgio. Friedrich Nietzsche. O divino como problematicidade. Em: PENZO, Giorgio & GIBELLINI, Rosino (orgs.). *Deus na filosofia do século XX*. 2ª ed. São Paulo: Loyola, 2000.

PESSOA, Fernando. O guardador de rebanhos XLVI. Em: *Poesia completa de Alberto Caeiro*. São Paulo: Companhia das Letras, 2005.

PADEN, Wiliam. *Interpretando o sagrado*. São Paulo: Paulinas, 2001.

PIAZZA, Waldomiro Octavio. *Introdução à fenomenologia religiosa*. Petrópolis: Vozes, 1983.

QUEIRUGA, Andrés Torres. *Repensar la Revelación. La Revelación Divina en la Realizacion Humana*. Madrid: Editoria Trotta, 2008.

QUEIRUGA, Andrés Torres. *Fim do cristianismo pré-moderno*. São Paulo: Paulus, 2003.

REALE, Giovanno & ANTISERI, Dario. *História da filosofia,* vol. 6: *de Nietzsche à Escola de Frankfurt*. São Paulo: Paulus, 2006.

RICOEUR. Paul. Entre filosofia e teologia II: nomear Deus. Em: RICOEUR. Paul. *Leituras 3. Nas fronteiras da filosofia*. São Paulo: Loyola, 1996.

ROBINSON, John A. T. *Um Deus diferente*. Lisboa: Livraria Morais Editora, 1967.

ROCHA, Alessandro. *Teologia sistemática no horizonte pós-moderno*. São Paulo: Vida, 2007.

RUBIO, Afonso Garcia. *Unidade na pluralidade. O ser humano à luz da fé e da reflexão cristãs*. 3ª ed. São Paulo: Paulus, 2001.

RUBIO, Alfonso Garcia. *Evangelização e maturidade afetiva*. São Paulo, Paulinas, 1993.

SCOPINHO, Sávio Carlos Desan. *Filosofia e sociedade pós-moderna. Crítica filosófica de Gianni Vattimo ao pensamento moderno*. Porto Alegre: EDIPUCRS, 2004.

SOKOLOWSKI, Robert. *Introdução à fenomenologia*. São Paulo: Loyola, 2004.

SCOPINHO, Sávio Carlos. Desan. Entre o trágico e o secularizado. Uma visão secularizada e não sacrificial do cristianismo. Em: *Revista Eclesiástica Brasileira 68*. Petrópolis: Vozes, 2008.

SAVIGNANO, Armando. *José Ortega y Gasset*. Cristianismo secularizado. Em: *Dicionário de língua portuguesa Larrouse Cultural,* verbete Experiência. São Paulo: Nova Cultural, 1992. p. 485.

WESTHELLE, Vitor. Traumas e opções: Teologia e crise da modernidade. Em: TEIXEIRA, Evilázio Borges. *Aventura pós-moderna e sua sombra*. São Paulo: Paulus, 2005.

TERRIN, Aldo Natale. *Introdução ao estudo comparado das religiões*. São Paulo: Paulinas, 2003.

TILLICH, Paul. *Teologia Sistemática*. 5ª ed. São Leopoldo: Sinodal, 2005.

TILLICH, Paul. *Dinâmica da fé*. 6ª ed. São Leopoldo: Sinodal, 2001.

TEIXEIRA, Evilázio. Vattimo. Em. PECORARO, Rossano (Org.). *Os filósofos. Clássicos da Filosofia*. vol. III *de Ortega y Gasset a Vattimo*. Petrópolis: Vozes, 2009.

TROTIGNON, Pierre. *Heidegger*. Lisboa: Edições 70, 1982.

VAZ, Henrique C. de Lima. *Escritos de filosofia. Problemas de fronteira*. São Paulo: Loyola, 1986.

VATTIMO, G. Entrevista. *CULT - Revista Brasileira de Literatura*, p. 9, março, 2001.

VATTIMO, Gianni. O cristianismo é a religião da pós-modernidade. Em: Cadernos IHU em formação: *Os desafios de viver a fé em uma sociedade pluralista e pós-cristã*. São Leopoldo: ano 2, n. 24, 2007.

VATTIMO, Gianni y otros. *Entorno a la Posmodernidad.* Barcelona: Anthropos Editorial, 2003. VATTIMO, Gianni. *O fim da modernidade. Niilismo e hermenêutica na cultura pós-moderna.* São Paulo: Martins Fontes, 2002.

VATTIMO, Gianni. *A sociedade transparente.* Lisboa: Relógio D'Água, 1992.

VATTIMO, Gianni. O que está vivo e o que está morto no pensamento fraco. Em: PECORARO, Rossano & ENGELMANN, Jaqueline (orgs.). *Filosofia contemporânea. Niilismo. Política. Estética.* Rio de Janeiro: Editora PUC-Rio, São Paulo: Loyola, 2008.

VATTIMO, Gianni & PATERLINI, Piergiorgio. *Non Essere Dio. Un'Autobiografia a Quattro Mani.* Milano: Aliberti Editori, 2006.

VATTIMO, Gianni. *A tentação do realismo.* Rio de Janeiro: Lacerda Editores, 2001.

VATTIMO, Gianni & ROVATTI, Aldo (edições). *Il Pensiero Debole.* Milano: Giangiacomo Feltrinelli Editore, 1995. Utilizaremos a tradução feita para o espanhol por Luis de Santiago, *El Pensamiento Débil.* 5ª edição. Madrid: Ediciones Cátedra, 2006.

VATTIMO, Gianni. *Dialéctica, Diferencia y Pensamiento Débil.* Em: VATTIMO, Gianni & ROVATTI, Aldo. *El Pensamiento Débil.*

VATTIMO, Gainni. Os ensinamentos de Gioacchino. Em: *Depois da cristandade.* Rio de Janeiro: Record, 2004.

VATTIMO, Gianni. *Ética de la Interpretación*. Barcelona: Paidós, 1991.

VATTIMO, Gianni. *Para além da interpretação: o significado da hermenêutica para a filosofia.* Rio de Janeiro, Tempo brasileiro. 2000.

VATTIMO, Gianni. *Depois da cristandade.* São Paulo: Editora Record, 2009.

Esta obra foi composta em CTcP
Capa: Supremo 250 g – Miolo: Pólen Soft 80 g
Impressão e acabamento
Gráfica e Editora Santuário